A BÍBLIA EXPLICA

Principais passos para se tornar um cristão

DAVID PAWSON

ANCHOR RECORDINGS

Copyright © 2021 David Pawson Ministry CIO

A BÍBLIA EXPLICA
Principais passos para se tornar um cristão
EXPLAINING The Key Steps to Becoming a Christian (revised edition)

Os direitos autorais referentes a este livro são assegurados a David Pawson, de acordo com a Lei de Direitos Autorais, Desenhos Industriais e Patentes de 1988 (Reino Unido).

Uma publicação da Anchor Recordings Ltd
DPTT, Synegis House, 21 Crockhamwell Road,
Woodley, Reading RG5 3LE, UK

Todos os direitos reservados.

Nenhuma parte desta publicação pode ser reproduzida ou distribuída, em qualquer forma ou por quaisquer meios, sejam eles eletrônicos ou mecânicos, incluindo fotocópias e gravações, ou por qualquer sistema de armazenamento e recuperação de informações, sem autorização prévia, por escrito, da Editora.

www.davidpawsonbooks.com

www.davidpawsonbooks.org

ISBN 978-1-913472-18-4

Impressão: INGRAM

Esta publicação baseia-se em uma palestra. Por originar-se da palavra falada, muitos leitores considerarão seu estilo um tanto diferente do meu modo costumeiro de escrever. Espero que isto não venha a depreciar a essência do ensino bíblico encontrado aqui.

Como sempre, peço ao leitor que compare tudo o que digo ou escrevo ao que se encontra registrado na Bíblia, e, caso perceba um conflito em qualquer ponto, sempre fie-se no claro ensino das Escrituras.

David Pawson

Sumário

1. JESUS, SALVADOR — 7

2. ARREPENDER-SE DE SEUS PECADOS CONTRA DEUS — 27

3. CRER NO SENHOR JESUS — 47

4. SER BATIZADO NA ÁGUA — 63

5. RECEBER O ESPÍRITO SANTO — 79

6. TEOLOGIA — 99

1
JESUS, SALVADOR

Hoje, vou falar sobre o início da vida cristã – como nascer de novo; como se tornar um cristão; como entrar no reino –, mas gostaria de começar falando sobre Jesus, pois é ele quem nos chama. Na Bíblia, encontramos aproximadamente 250 nomes e títulos atribuídos a Jesus, e tomar nota deles é um bom exercício devocional. Esses nomes e títulos, no entanto, costumam ser usados por algum tempo e depois são esquecidos. Percebo que alguns deles são populares em uma época, porém não em outra. Recentemente, observei que determinado título não é mais tão usado como costumava ser, e isso é uma pena, pois trata-se de um dos títulos mais especiais de Jesus. É a palavra *Salvador*. Talvez você concorde comigo que não ouvimos as pessoas se referindo a Jesus como Salvador tanto quanto antes; porém, esse foi o propósito da sua vinda. Ele veio *salvar* pessoas.

Neste primeiro capítulo, antes de nos aprofundarmos nos detalhes do processo de ser salvo, vou falar sobre "salvar" e sobre "salvação". O nome "Jesus" significa "Deus salva". "Je" é a combinação das duas primeiras letras (traduzidas) do nome de "Deus" em hebraico e "sus" é parte da raiz da palavra "salvação". O nome que foi dado a Jesus, portanto, significa "Deus salva". Em hebraico, seu nome é Yeshua. O "Y" é pronunciado como um "i" e também está presente no nome "Yehoshua", traduzido para o português como "Josué". Há um livro no Antigo Testamento com esse título; trata-

se exatamente da mesma palavra, com o mesmo sentido: "Deus salva".
Mas salva de quê? Essa é a pergunta mais importante que se pode fazer. Jesus não nasceu para nos salvar de nossos temores, ou de nosso tédio, ou de nossas manias, embora ele seja capaz de nos salvar de tudo isso. No entanto, essa não foi a principal razão da sua vinda. Ele veio para nos salvar – salvar de quê? Do inferno? Bem, esse bônus está incluso, mas não é a principal razão da sua vinda. Ele não recebeu o nome "Jesus" porque viria salvar seu povo do próprio futuro. Veio para salvá-lo dos pecados – de todos os pecados. E até que você se livre de todos os seus pecados, não estará salvo, pelo menos não completamente. Começamos a perceber, portanto, um sentido diferente das palavras "salvo" e "salvação".

Quando eu era menino, durante a Segunda Guerra Mundial, uma das palavras mais frequentemente usadas era "salvamento" ou "recuperação"; palavra que está relacionada à "salvação". "Recuperávamos" os papéis usados para que pudessem ser transformados em papéis novos. "Recuperávamos" nossas panelas porque o alumínio poderia ser usado na construção de aviões de guerra e, naqueles dias, era isso que queríamos fazer. Isso não se faz hoje. Nunca mais ouvi a palavra e percebo que ela foi substituída por "reciclagem" – que tem o mesmo sentido – e você sabe do que se trata. É esse o significado de "salvação". A breve carta de Paulo a Filemom, no Novo Testamento, fala sobre um escravo fugitivo chamado Onésimo, cujo nome significa "útil". Esse escravo fugira de seu senhor e não tinha mais serventia para seu proprietário, e Paulo o envia de volta para que seja útil novamente. É exatamente isso que ele afirma na carta: "Ele antes lhe era inútil, mas agora é útil". Salvação é isto: deixar de ser lixo para ser novamente útil para Deus. Até que isso aconteça, você não está salvo; não passou pela recuperação; não foi reciclado. Essas palavras nos dizem que você é salvo *para* algo, não apenas *de* algo.

A palavra "inferno", da forma como era usada por Jesus, faz referência a um imenso depósito de lixo localizado nas proximidades de Jerusalém: um vale escuro e profundo onde todo o lixo da cidade era lançado, cujo fundo nunca era tocado pelo sol, apenas pelo lixo. A porta localizada naquele lado de Jerusalém é chamada de Porta de Dung, ou porta do esterco, nome que nos revela o destino de todo o esgoto da cidade. Naqueles dias, não havia sistemas de descarga, portanto todo o lixo e detritos indesejados eram levados para fora da cidade e lançados nessa caverna profunda, que tinha o nome de Geena ou vale de Hinom. Era uma imagem sombria, usada por Jesus para retratar o inferno.

A primeira vez que estive em Israel – nem me lembro há quanto tempo foi – Hinom ainda era um vale cheio de lixo, de onde subia uma fumaça azulada. Ao olhar para o vale e ver o lixo sendo incinerado, eu contemplava a imagem que Jesus usou como a representação do inferno. O inferno é o depósito de lixo de Deus, onde ele lança aqueles que não lhe têm mais serventia, que "pereceram". Há, no entanto, um equívoco na compreensão da palavra "perecer", se pensarmos que ela se refere a pessoas que deixaram de existir. Se você tem uma garrafa de água e um pneu que "pereceram", eles ainda têm a aparência de um pneu e de uma garrafa, porém não têm mais utilidade. É esse o significado da palavra "perecer" na Bíblia. Não significa deixar de existir. Significa tornar-se inútil para o propósito com o qual foi criado e, portanto, Deus o joga no lixo. Já se deu conta de que você nunca "coloca", mas sempre "joga" algo no lixo? Na Bíblia, ninguém é mandado para o inferno, eles são sempre jogados, lançados no inferno, e nada mais horrível pode acontecer a um ser humano do que ser descartado como algo inútil para Deus. Que destino terrível. Esse, contudo, é o destino de muitos que estão perecendo. Eles não sabem, não percebem, mas seguem rumo ao depósito de lixo de Deus; e ele afirmará: "Você não tem utilidade para mim agora, não posso usá-lo para o propósito com o qual o criei, por isso vou jogá-lo fora". Bem, o significado de "salvação", "recuperação" ou "reciclagem" é ser salvo desse destino e feito novamente útil para Deus a fim de que ele possa dizer: "Agora posso realizar os planos que tenho para você". Uma perspectiva totalmente nova, não é? Mas é um processo que leva tempo. É necessário tempo para devolver ao lixo a sua utilidade. A salvação, portanto, não é algo que acontece em um instante, mas no decorrer de um período. Exige tempo, e estar ciente disso é muito importante e vai afetar nossa perspectiva de como começamos a ser salvos. Na verdade, seremos mais fiéis à Bíblia se não afirmarmos: "Fui salvo há 20 anos" ou "Sete pessoas foram salvas no culto de domingo à noite". Em vez disso, devemos declarar: "Comecei a ser salvo há 20 anos" ou "Sete pessoas começaram a ser salvas no culto de domingo à noite". É por isso que a Bíblia fala do "caminho da salvação". E "caminho" significa estrada, jornada; é um processo que, para algumas pessoas, levará anos e somente estará concluído quando sua vida estiver livre de todo pecado, que deixará de corrompê-lo e de torná-lo inútil para Deus.

Quando examinamos o ensinamento do Novo Testamento sobre a salvação, descobrimos que ele se divide em três partes. Vou dizer os complexos nomes teológicos dessas três fases do processo: justificação, santificação e glorificação. A união dessas três fases produz a salvação, e a salvação não estará concluída até que você atinja todas elas. Infelizmente, Martinho Lutero começou a Reforma Protestante tão concentrado na justificação que todos concluíram que a síntese da salvação é esta: se você foi justificado, está salvo. Trata-se de um grande equívoco, pois não leva em consideração *por que* ou, melhor ainda, *para que* você está sendo salvo. O Novo Testamento, de fato, afirma: "Ele é capaz de salvar definitivamente". A maioria das pessoas lê esse texto desta forma: "Ele é capaz de salvar da condição decadente". Mas não é esse seu significado. O texto diz "definitivamente". Ele é plenamente capaz de concluir o que começou em você, e os olhos dele estão no seu e no meu futuro, quando o processo de salvação, de recuperação ou reciclagem for concluído.

Eu estou ansioso para ser salvo, você não está? Ou você pensava que já estava salvo? Não, no Novo Testamento, a salvação – expressa pelo verbo "salvar" – ocorre em três tempos: passado, presente e futuro. Você foi salvo, está sendo salvo e será salvo. E adivinhe qual desses três tempos verbais é o mais comum no Novo Testamento? A resposta é o tempo futuro – não o passado nem o presente. A ênfase da Bíblia está em sua salvação futura e o processo será concluído quando você estiver totalmente livre do pecado e Deus puder afirmar: "Agora posso usá-lo para o que planejei quando o criei".

Mas voltemos a esses três tempos verbais. Fui salvo, estou sendo salvo e serei salvo. Eles correspondem a três livramentos, três eventos dos quais você é liberto. Ser justificado é ser liberto da *condenação* do pecado. Ser santificado é ser liberto do *poder* do pecado. E ser glorificado é ser liberto da *presença* do pecado. É para isso que estamos caminhando, é por que ansiamos. Sendo assim, você está lendo as palavras de alguém que ainda não está salvo. A Bíblia, contudo, diz que estou no caminho e ensina também como começar a trilhar o caminho, como manter-se nele e o que acontece aos que dele se afastam. Veremos isso adiante.

Então o que eu disse até agora foi suficiente para mostrar que a salvação é um processo? Não é algo instantâneo. Não é algo que está concluído, mas, louvado seja Deus, é algo que ele mesmo já começou. Se você estivesse aqui, olhando para mim, estaria fitando a parte de mim que ainda não está salva, pois a salvação inclui um novo corpo e eu ainda estou em meu velho corpo, que todos os dias me lembra que precisa ser salvo. Tenho câncer – na base do crânio, na coluna e em várias outras partes do meu esqueleto – e há muitas outras coisas se complicando em mim. Não estamos rejuvenescendo. Você sabia que teremos um novo corpo como o de Jesus, e ele tem 33 anos? Imagine ter novamente 33 anos quando já passou dos 80! É algo que realmente se almeja, afinal, aos 33 anos, você está no auge de sua força física, mental e espiritual. Estaremos novamente em nossa melhor fase. Você estava achando que no céu eu caminharia cambaleante, com o auxílio de uma bengala? Acreditava que lá há idosos aposentados, tentando agarrar-se à vida? Pense bem. Seremos salvos, e este velho corpo um dia será resgatado e liberto de todas as suas limitações. Aleluia por isso. Você está ansioso para ter um novo corpo? Eu, seguramente, estou.

Posso abordar esse tema de outro ângulo? Para muitas pessoas, a salvação é uma linha vertical que divide os salvos e os não salvos e, num instante, com apenas um passo, você cruza para o outro lado dessa linha. Esse não é o conceito de salvação encontrado no Novo Testamento, mas é o conceito usado pela maioria das pessoas, até mesmo evangelistas. Eles traçaram essa sólida linha vertical entre os que irão para o inferno e os que irão para o céu; os não salvos e os salvos. Isso fez com que as pessoas passassem a usar a palavra "salvo" referindo-se unicamente ao passado. Eu fui salvo. Esse, contudo, é apenas um dos tempos verbais que deveríamos estar usando. Estou sendo salvo e serei salvo.

Vamos consultar um ou dois textos caso você duvide que o Novo Testamento realmente apresenta esse aspecto futuro da salvação. Um deles está em Romanos 13.11 e diz:

"Nossa salvação está mais próxima do que quando cremos". Por razões óbvias, nunca ouvi uma pregação baseada nesse texto. Mas como ela se encaixa na sua forma de pensar? Sua salvação está mais próxima do que quando você creu. Isso é futuro! Veja outro versículo: Hebreus 9.28 diz que Jesus um dia voltará, não para lidar com o pecado – isso ele fez em sua primeira vinda, é claro – mas para trazer salvação aos que aguardam por ele. É algo para se pensar. Significa que a salvação virá quando Jesus vier. Esse é o futuro da salvação. Veja outro exemplo: 1Pe 1.5 – em que Pedro fala sobre uma salvação que será revelada no último momento, uma salvação reservada no céu para você, uma salvação que depende da volta de Jesus trazendo-a para nós. Está tudo aí.

Temos, então, esses três elementos. Charles Wesley compôs um lindo hino, e este é um de seus versos:

> Tenho uma obrigação para guardar
> Um Deus para glorificar
> Uma alma imortal para salvar,
> Para, um dia, ao céu chegar
> [tradução livre]

Você tem uma tarefa a cumprir. Não basta levar as pessoas a cruzar a linha, é preciso torná-las aptas para o céu. É por essa razão que o Novo Testamento fala sobre o caminho. Esse foi o primeiro nome do cristianismo – O Caminho – e, nos Estados Unidos, há uma igreja chamada A Igreja do Caminho. O pastor dessa igreja compôs um cântico que certamente você conhece: *Majesty, Worship His Majesty* [Adorai, em majestade]. O nome da igreja me impressionou bastante – *The Church on the Way*, A Igreja do Caminho. A princípio, não entendi por que tinha esse nome. Presumi que fosse uma atitude de humildade – não somos a igreja que chegou, somos a igreja que está a caminho do seu destino.

No entanto, a rua em que se localiza a igreja é chamada por todos de *The Way* [O Caminho] e a igreja recebeu o nome de Igreja do Caminho por essa razão. Fiquei decepcionado. Pensei que todas as igrejas fossem igrejas do caminho. Eu estou no caminho! Não estou salvo ainda, mas estou no caminho e por ele sigo. Essa é a certeza que tenho, não que eu seja perfeito, nem que já tenha chegado ao destino, mas sei que estou no caminho e que um dia serei perfeito. Minha mulher acha isso pouco provável; ela me conhece muito bem. Um dia, no entanto, você e eu seremos perfeitos. Estamos a caminho disso. As pessoas dirão que ninguém é perfeito. Nossa resposta é: "Bem, há alguém que foi perfeito". E também podemos acrescentar: "E estou no caminho para ser perfeito". Isso é salvação; esse é o significado de recuperar; isso é reciclar, e o que há de mais importante na sua vida é estar a caminho da salvação. É estar caminhando para esse futuro maravilhoso, quando você não terá falhas ou fraquezas; será perfeito – como Jesus foi e é perfeito. E você será semelhante a ele – "porque o verá como ele é".

Além da Bíblia, há um livro muito pouco lido hoje que expressa essa ideia de forma muito clara. Seu autor foi um homem chamado John Bunyan; preso em Bedford por causa do Senhor, ele teve um sonho e o registrou em sua obra mais conhecida, *O Peregrino*. Todo cristão deve ler esse livro, pois o autor, de forma maravilhosa, vê o cristianismo como uma longa estrada, desde o ponto onde ele estava até seu destino, e aborda todas as dificuldades e todos os prazeres que surgem à medida que ele avança em sua jornada. Quando lemos o livro, lemos a nós mesmos. Podemos nos ver naquela estrada, caminhando com ele. Próximo ao fim da jornada, seu companheiro se afasta da estrada, e Bunyan registra o fato com esta frase impressionante: "Vi então que há uma estrada que conduz para o inferno bem perto das portas do céu". Ele viu seu pobre amigo tomar uma estrada lateral mesmo quando eles já avistavam a cidade celestial. É um livro incrível. Tenho um amigo que brinca dizendo que o livro é sobre como peregrinos desenvolvem joanetes. Isso despertou o interesse do público, mas não ajudou muito. Estamos falando dos primeiros passos na estrada. Como você começa? Como faz com que outros comecem? É triste que, quando tentamos levar alguém ao início a jornada, a tendência é que imponhamos a maneira como nós mesmos começamos, que pode ou não ser a melhor maneira. Agir dessa forma é uma tendência comum. Posso dar uma ilustração disso, vinda de uma fonte muito apropriada. Por favor, não leve a mal o que vou dizer. Tenho o maior respeito por Billy Graham, que foi um dos maiores evangelistas de todos os tempos, mas ele também cometeu esse erro. Li sua autobiografia com muita curiosidade por saber qual havia sido o papel do batismo na sua salvação. Para minha surpresa, descobri que ele havia sido batizado três vezes – quando bebê, na Igreja Presbiteriana, uma segunda vez na Flórida, e a terceira em outro lugar. Quando estive na Flórida, perguntaram-me:

— Você gostaria de ver o local onde Billy Graham foi batizado?

— Sim, respondi.

Fomos até a margem de um rio. Não havia monumento, placa, nada. Meu amigo apontou para a água e disse:

— Foi aqui que Billy Graham foi batizado.

Eu disse:

— É muito interessante ver onde ele foi batizado, mas gostaria de saber por que ele foi batizado.

Descobri que o motivo era seu desejo de ingressar em certa Igreja Batista na Flórida, que exigia que ele fosse batizado. Billy Graham concordou: "Tudo bem, podem me batizar". Essa foi a segunda vez. A terceira vez foi quando ele se uniu à outra Igreja Batista, rígida a ponto de aceitar somente membros batizados pela própria igreja – algo bastante reprovável. Mas ele respondeu: "Tudo bem, serei batizado novamente para ser aceito". Ou seja, o batismo para Billy Graham era uma imposição eclesiástica. Uma questão relacionada a ingressar em uma igreja. Não era parte da salvação e, por isso, em seu livro *Como Nascer de Novo*, ele não fez referência ao batismo e jamais mencionou o tema em suas pregações. Também não instruía que outros fossem batizados, pois ele foi "salvo" sem qualquer referência a ter sido batizado. Tudo se resumia a uma questão eclesiástica. Durante o restante de seu ministério, portanto, ele deixou essa questão para o indivíduo e para a igreja. Tento imaginar o que você responderia se eu lhe perguntasse: "Você precisa ser batizado para ser salvo?".

Não queremos impor às pessoas a forma como estamos sendo salvos. Queremos levá-las ao reino da maneira encontrada no Novo Testamento, da forma como faziam os apóstolos, para que não estejamos simplesmente repetindo o que aconteceu conosco e não tenhamos sobre nós essa acusação.

Vamos então ao Novo Testamento. Como as pessoas nasciam de novo? O que lhes ensinavam? Quais eram os passos que davam? Vou lhe mostrar os quatro passos básicos que eram dados por todos no caminho da salvação – e esse era apenas o início, é claro. Para esses quatro passos básicos, lembre-se das iniciais A-C-S-R. Estes são os quatro primeiros passos no caminho da salvação que encontro no Novo Testamento: ARREPENDER-SE, CRER, SER BATIZADO e RECEBER. Mas há algo mais. A trindade está envolvida desde o início, portanto: ARREPENDER-SE de seus pecados contra Deus, o Pai; CRER no Senhor Jesus; SER BATIZADO nas águas; e RECEBER o Espírito Santo. Perceba que Pai, Filho e Espírito Santo estão presentes, e o batismo é em nome do Pai, do Filho e do Espírito Santo.

Quando você é orientado ao caminho da salvação da forma apropriada, passa a ter, imediatamente, um relacionamento pessoal com o Pai, o Filho e o Espírito Santo. No entanto, muitos cristãos não tiveram esse tipo de nascimento. Para falar a verdade, levei 17 anos para entender esses quatro passos. Eu não precisaria de 17 anos se as pessoas que me conheciam quando comecei a ter dificuldade no caminho tivessem me orientado corretamente. Eu poderia ter compreendido esses passos em 17 dias ou 17 horas. Mas é um pouco difícil fazê-lo em 17 minutos. O problema é que muitos recebem ajuda para começar a seguir o caminho no final de uma reunião ou antes da chegada do ônibus que virá buscá-los, e não é possível ajudá-los a dar esses quatro passos em alguns poucos minutos. De qualquer modo, eles poderiam ser informados de que há quatro passos. Quando há certa pressão de tempo, tenho uma abordagem própria para ajudar alguém a começar a jornada. Digo: "Eu posso ajudá-lo com o primeiro passo, mas há outros três passos que você precisa dar logo no início, e se você realmente decidiu seguir o Senhor, vai descobrir que ele o guiará". No entanto, não é possível apresentar esses quatro passos em apenas 17 minutos. E muitos são levados apressadamente por esses estágios iniciais.

Vamos agora passar para o Novo Testamento. Onde encontro esses quatro elementos? Em primeiro lugar, meu conselho é que empreguemos a linguagem do Novo Testamento. Infelizmente, caímos no hábito de usar eufemismos, ou seja, escolhemos outras palavras e acreditamos estar expressando a mesma ideia, mas talvez não seja bem assim. Vou lhe dar um exemplo. Como você apresenta o desafio a uma pessoa que deseja iniciar a vida cristã? Você diz que ela deve convidar Jesus a entrar em seu coração? Você diz que ela deve assumir um compromisso com ele? Você diz que ela deve entregar o controle da sua vida a Jesus? O que você diz? Nenhuma dessas frases está no Novo Testamento, mas todos nós as usamos. Temos o hábito de usar eufemismos, outras frases. Os apóstolos jamais disseram às pessoas que se *entregassem* a Jesus ou – e isso eu explicarei logo mais – sequer lhes instruíram a *receber* Jesus. A propósito, a palavra "receber", no Novo Testamento, nunca é aplicada a Jesus, exceto quando as pessoas o convidavam às suas casas, ofereciam-lhe uma refeição e, de fato, o recebiam enquanto ele esteve na terra. Elas o recebiam fisicamente, davam-lhe as boas-vindas em suas casas. Depois que Jesus subiu ao céu, no entanto, a frase jamais foi usada novamente. Dizia-se sempre: "Creia em Jesus" e "Receba o Espírito Santo". No entanto, reunimos tudo na frase "Receba Jesus" e jamais mencionamos o Espírito Santo às pessoas – pelo menos não no início. Perceba a importância da linguagem, pois, se vamos falar sobre o caminho da salvação conforme o Novo Testamento, precisamos ajudar as pessoas em seus primeiros passos.

Também gostaria de dizer que nosso entendimento de como começar precisa ser construído com base em mais de um texto bíblico, caso contrário é inevitável que deixemos de fora algum desses quatro passos vitais. Por exemplo, Atos 16 diz: "Creia no Senhor Jesus, e serão salvos você e os de sua casa". Se você se basear apenas nesse texto, dirá: "Creia e você será salvo". Não falará nada sobre o Espírito Santo, nada sobre o batismo e, mais grave ainda, nada dirá sobre o arrependimento. Essa, como veremos no próximo capítulo, é a mais grave omissão do evangelismo hoje – a palavra *arrependimento*. Ela costuma entrar na vida dos cristãos apenas mais tarde, quando eles repentinamente se dão conta, mas deveria vir antes de qualquer outro passo. Veremos que o arrependimento é o primeiro passo a ser dado no reino de Deus na terra.

Desse modo, quais páginas do Novo Testamento

devemos consultar para encontrar informações sobre esses primeiros passos? Bem, primeiramente, eu gostaria de salientar que os Evangelhos foram escritos "cedo demais" e não nos ajudam a encontrar uma resposta adequada para essa pergunta. Talvez você fique chocado, mas pelo menos nos três primeiros Evangelhos – Mateus, Marcos e Lucas –, que cobriram o ministério terreno de Cristo, a fé não poderia ser o que veio a tornar-se posteriormente. A fé na ressurreição, na morte e na ascensão de Jesus só aparece depois, por isso, nos três primeiros Evangelhos, não encontramos os quatro passos reunidos. O quarto Evangelho não traz a ideia do arrependimento. Talvez você nunca tenha percebido, mas a palavra "arrepender-se" não está presente no quarto Evangelho porque ele foi escrito para pessoas que já eram cristãs. Presumia-se, portanto, que já haviam se arrependido. Nos outros Evangelhos, todos os quatro elementos são mencionados, mas nunca juntos. Há textos sobre arrependimento, textos sobre batismo, textos sobre fé em Jesus e textos sobre o recebimento do Espírito Santo, com o alerta de que ninguém poderia recebê-lo na ocasião. O Espírito ainda não havia sido concedido porque Jesus não havia sido glorificado. Embora mencionem todos os quatro passos separadamente, os Evangelhos, portanto, nunca os apresentam juntos.

As Epístolas foram escritas "tarde demais" e também não nos ajudam a responder essa pergunta, pois destinavam-se aos que já estavam no reino, que já trilhavam o caminho, que já haviam começado a jornada. Na verdade, há um trecho nas Epístolas (cartas) – Hebreus 6 – que reúne os quatro passos, mas afirma: "Não queremos começar tudo novamente, retornar às coisas elementares, isso é para bebês espirituais. Vocês deveriam saber tudo isso" [paráfrase]. É o que acontece em todas as cartas. Todas elas falam em retrospecto sobre esses quatro passos. Falam da iniciação daquelas pessoas. Quando Paulo fala sobre batismo, ele diz: "Vocês não sabem que foi isso que aconteceu quando foram batizados?". Mas, em seguida, pergunta: "Como vocês receberam o Espírito Santo?". Ele retoma com frequência esses quatro passos – ora um, ora outro –, mas nunca os explica em conjunto.

Então, com referência ao tema deste livro, se os Evangelhos foram escritos muito antes e as Epístolas, muito depois, o que nos resta? O livro de Atos. Nele, os apóstolos estão em ação. Em Atos, além de vermos os apóstolos falando às pessoas como começar a vida cristã, também encontramos o melhor ensinamento sobre o tema. Farei muitas referências a Atos neste livro. Em Atos 2, na primeira menção, primeira pregação, primeira evangelização, a primeira vez que as pessoas aprendem como começar, três dos quatro passos são citados. Pedro pregou de forma tão poderosa que todos creram no que ele disse e lhe perguntaram: "O que faremos?". Pedro respondeu: "Arrependam-se, e cada um de vocês seja batizado, e receberão o dom do Espírito Santo". O único passo que ele não mencionou foi *crer*. Por que ele não o mencionou? Pela simples razão de que quando alguém afirma "O que farei?", já crê no que ouviu sobre Jesus. Pedro presumiu que eles já acreditavam no Senhor Jesus e estavam indagando o que fazer a respeito. Sua resposta, portanto, foi falar sobre os outros três passos. Pedro disse: "Vocês precisam se arrepender, precisam ser batizados e precisam receber o Espírito Santo". Ali, no comecinho de Atos, temos o início da vida cristã – três dos quatro passos que mencionei anteriormente e o quarto passo é possível presumir.

Veja um exemplo posterior, em Samaria. A perseguição começou em Jerusalém e dispersou os cristãos. Algumas vezes, a perseguição acaba servindo para enviar as pessoas para que frutifiquem, e elas chegaram a Samaria e ali realizaram uma grande missão. Segundo a própria Bíblia afirma, muitos se arrependeram, creram, foram batizados nas águas e houve grande alegria na cidade. A maioria de nós provavelmente diria que a missão foi um sucesso. Algo, porém, estava faltando: ninguém recebeu o Espírito Santo. Toda a cidade havia se arrependido. Todos haviam crido em Jesus, todos haviam sido batizados e estavam cheios de alegria, e muitos diriam que "foi uma grande cruzada", e se esqueceriam de todo o resto. No entanto, nenhuma daquelas pessoas recebeu o Espírito Santo, e assim que se espalhou a notícia do ocorrido, Pedro e João dirigiram-se imediatamente a Samaria para orar por elas, a fim de que recebessem o Espírito Santo, e foi o que aconteceu. Certo homem chamado Simão, um tipo de mágico, apreciava truques; quando viu pessoas sendo cheias do Espírito pela imposição de mãos dos apóstolos, desejou ser capaz de fazer esse truque. "Qual é o segredo?", perguntou. "Posso pagar por ele". E Pedro lhe respondeu: "Que seu dinheiro morra com você". Ou em linguagem mais rude: "Dane-se o seu dinheiro; você precisa se arrepender!". Esse fato entrou para a história como o crime de tentar comprar o acesso à graça de Deus, e o nome desse crime é "simonia", em alusão ao primeiro homem que o cometeu.

O ponto que quero destacar, no entanto, é este: qual foi a reação dos cristãos, e dos apóstolos em particular, diante da ausência de um daqueles quatro passos? Foi dirigir-se imediatamente ao local para corrigir a situação, dizendo: "Vocês não começaram da forma apropriada e precisam dar todos os quatro passos".

Um automóvel comum, com quatro cilindros e quatro velas de ignição, e com um motor em que todos os quatro funcionam, roda bem e nos leva longe e bem rápido. O carro que funciona com três cilindros apenas ainda roda bem, mas basta subir uma ladeira íngreme para começar a falhar. Com apenas dois dos quatro cilindros, podemos seguir em frente somente se houver vento forte favorável e o carro estiver descendo uma ladeira. Um cilindro apenas? Já era! Descobri logo no início do meu ministério que alguns cristãos tentam seguir pelo caminho da salvação contando com apenas três ou dois dos quatro passos – ou até com somente um dos quatro.

Quando eu era pastor, oferecia aconselhamento nas noites de segunda-feira, e qualquer pessoa que viesse falar comigo sabia que teria meia hora do meu tempo. Assim, fui capaz de aconselhar centenas de pessoas. Acho que ajudei mais pessoas nas noites de segunda do que aos domingos, mas esse era um hábito meu. No aconselhamento de centenas de cristãos com dificuldades, descobri este fato impressionante: em muitos casos (não em todos), os problemas originavam-se na maneira como eles haviam começado a vida cristã – originavam-se na sua conversão. Depois de alguns instantes, caso alguém tivesse me procurado trazendo um problema, eu dizia: "Não fale sobre o problema ainda, conte-me como você começou; fale-me sobre a sua conversão". Eu ouvia com atenção para verificar se os quatro passos haviam sido dados e, invariavelmente, um ou dois desses passos e, em casos raros, até três dos quatro passos não haviam sido dados. Então eu costumava dizer: "Vamos voltar e acertar os passos". Quando fazíamos assim, o problema às vezes desaparecia por completo ou então eles se sentiam aptos para lidar com o problema. Haviam começado da forma errada, ou seja, tiveram uma parteira que não lhes informou sobre os quatro passos, tampouco certificou-se de que eles dessem a partida no carro com todos os quatro cilindros. Foi isso que me inspirou a escrever o livro *The Normal Christian Birth [O Nascimento Cristão Normal]*. Essa é a razão pela qual eu apresento esses pensamentos, pois muitos cristãos começaram sem esses quatro passos básicos.

Eu os encontrei em Atos 19, em um trecho em que Paulo

faz uma pergunta fantástica. Em viagem a Éfeso, Paulo encontrou alguns discípulos (assim eles eram chamados) e lhes fez a seguinte pergunta: "Vocês receberam o Espírito Santo quando creram?". Essa pergunta basta como indicação de que é possível crer em Jesus e não receber o Espírito Santo. Paulo descobriu que eles jamais haviam ouvido a respeito do Espírito Santo e que sua fé não estava em Jesus. Haviam sido batizados conforme o batismo de João Batista, que era bom para o arrependimento, nada mais. Mais uma vez, Paulo disse que precisamos dos outros três passos e, assim, ele os batizou em Jesus – em sua morte e ressurreição – e depois impôs sobre eles as mãos e orou, e eles receberam o Espírito Santo.

Observamos novamente esse padrão: se alguém não deu esses quatro passos, que o faça o mais rápido possível a fim de que "rode nos quatro cilindros" e possa ir longe e rápido. É isso. Esse é o Novo Testamento, e é assim que as pessoas eram iniciadas na vida cristã. Era assim que começavam.

São duas as razões pelas quais eu digo tudo isso. Uma delas é porque espero que você conduza outras pessoas a Cristo e, se o fizer, por favor, informe-as sobre os quatro passos que precisam dar. Não fundamente o início em um ou dois passos apenas, conte-lhes sobre todos os quatro. Minha esposa e eu tivemos uma ótima experiência em um acampamento com mais de mil jovens na época do Natal (possível somente por ser no Hemisfério Sul, pois no Norte teríamos congelado). Todas as manhãs, eu pregava para mil jovens assentados sobre fardos de feno em um grande galpão onde as ovelhas eram tosquiadas – uma oportunidade maravilhosa. Preguei sobre o reino todos os dias e, então, na quinta ou sexta-feira, o Senhor me disse: "Você falou a esses jovens sobre o reino, mas não lhes ensinou como entrar nele". Eu disse: "Sinto muito, Senhor, vou corrigir isso". E, então, sexta-feira pela manhã eu lhes disse: "Já descrevi o reino. Se você quiser entrar nele, volte hoje ao galpão de tosquia, às 4 horas da tarde, e vou contar como fazer isso".

Bem, o céu azul deixou a tarde perfeita, e eles foram nadar no Oceano Pacífico. Pensei: "Lá se foi a oportunidade; ninguém virá ao galpão". Cinco salva-vidas, jovens fortes e imponentes, alinhavam-se na praia enquanto mil jovens estavam nadando, e um dos salva-vidas dirigiu-se ao outro e perguntou: "Você cobriria o meu trecho da praia? Quero ir à reunião de David Pawson, às 16 horas".

O segundo salva-vidas respondeu: "Mas eu quero ir também". Então ambos se dirigiram ao terceiro, e ele também queria ir. E voltaram para o quarto salva-vidas e para o quinto, todos eles queriam participar da reunião e não sabiam o que fazer. Eles precisavam cuidar da segurança dos jovens. Os salva-vidas, então, se reuniram e disseram: "Senhor, não sabemos como orar, mas poderia nos levar à reunião do David?". E quando abriram os olhos, viram tubarões se aproximando da baía. Era possível ver as barbatanas na água. Assim, tive mil jovens na reunião. Esse é o segredo de conseguir a presença de muitos nas reuniões – basta colocar tubarões para persegui-los.

Em nosso encontro anterior, eu disse: "Prometi dizer a vocês como começar a vida no reino e falei que há quatro passos que devem dar e, nesta tarde, vou ajudá-los com o primeiro deles, mas vocês terão de buscar ajuda de outras pessoas para os outros três, pois o acampamento termina hoje". Então me concentrei no arrependimento. Muitos daqueles jovens faziam parte de gangues de rua na principal cidade da Nova Zelândia; vários deles tinham tatuagens horríveis – "Ó D I O" nos dedos das mãos, "Bandido" no pescoço –, e lá estava eu, dizendo-lhes como se arrepender. Foi emocionante, muito tempo depois, quando o acampamento já havia se encerrado, receber relatos do que estava acontecendo aos jovens que haviam seguido em frente e dado os outros passos. Cheguei até a cruzar acidentalmente com uma gangue na principal avenida da maior cidade do país e lembro-me vividamente que, quando passaram por mim, um deles perguntou: "Não vai falar com a gente?". Virei-me e vi o jovem que tinha as piores tatuagens, e elas estavam mais apagadas. Mal dava para vê-las.

Certa mãe me procurou e disse:

— O que você fez com o meu filho?

— Como assim? O que foi que eu fiz? – repliquei.

— Ele está mantendo seu quarto arrumado! – ela estava quase brava, mas certamente estava surpresa.

Esse tem sido meu método: falar sobre todos os quatro passos, explicá-los claramente e ajudar com o primeiro deles, se o tempo disponível for limitado. As pessoas precisam ser aconselhadas a seguir em frente e buscar os outros passos. Espero, portanto, que você seja usado para conduzir outros a Cristo. Se isso acontecer, separe algum tempo para apresentar-lhes os quatro passos ou fale pelo menos sobre o primeiro, a fim de que comecem. A outra tarefa é aconselhá-los, é claro. O pior a se fazer, na minha opinião, é oferecer a "oração do pecador". Trata-se de uma breve oração conhecida em todo o mundo: "Senhor Jesus, peço perdão por meus pecados. Por favor, entre na minha vida e me ajude. Amém". É possível dizê-la em 30 segundos. Mas ela não ajudará com o arrependimento. Não fará com que sejam batizados. Muitos cristãos, contudo, começaram com a oração do pecador e precisamos ajudá-los a cumprir os quatro passos básicos para que então possam correr pela estrada, o caminho da salvação.

2

ARREPENDER-SE DE SEUS PECADOS CONTRA DEUS

Quero explicar o primeiro passo no caminho da salvação, e começo com uma afirmação extraordinária encontrada no livro de Atos, em que Paulo, em Atenas, afirma que Deus não levou em conta essa ignorância, porém hoje ordena que todos, em todos os lugares, se arrependam. Uma tradução literal poderia ser: "No passado, Deus fez vista grossa a essa ignorância". Creio que isso envolve praticamente todo mundo – Deus ordena que *todas as pessoas, de todos os lugares*, se arrependam. O arrependimento é o início da vida cristã – o primeiro passo *antes* de crer. É incrível quantas vezes as duas palavras aparecem juntas no Novo Testamento, sempre nesta ordem: arrepender-se e crer. Segundo João Batista, o próprio Jesus as havia dito, e o mesmo fizeram os apóstolos Pedro e Paulo. Isso você encontra no Novo Testamento, sempre nesta ordem: "Arrependa-se e creia".

É incrível quantas pessoas ouvem que é possível começar a vida cristã sem arrependimento. Chamo isso de "cristianismo sem lágrimas". Além de ser essencial para o início da vida cristã, o arrependimento é fundamental para que ela prossiga. O arrependimento acontece repetidas vezes – é uma vida. Se você for ao culto da Igreja Anglicana, todos os domingos, ouvirá que é necessário se arrepender. O problema é que lá isso é feito por meio de uma oração chamada de "confissão coletiva". Segundo ela, aqueles que se arrependem verdadeiramente são bem-vindos a participar da comunhão. "Verdadeiramente" significa realmente, genuinamente, honestamente.

Vamos começar mostrando o que o arrependimento não é. Primeiramente, arrependimento não é pesar. Pesar é o que você sente pelo que causou a si mesmo e à própria vida, e quanto mais velhos ficamos, mais pesar sentimos. Quando examina a própria vida, você lamenta algumas decisões porque não percebeu, na ocasião, as profundas consequências que elas teriam. Pesar é o que você sente pelo que causou a si mesmo, pelas decisões erradas que tomou. Talvez você tenha arruinado sua saúde, perdido todo o seu dinheiro, destruído sua reputação, e esses fatos trazem pesar – você lamenta o que causou a si mesmo. Alguns lamentam ter pecado apenas porque foram pegos, o que, na verdade, não é sentir pesar dos pecados, mas sim entristecer-se pela reputação destruída ou por alguma perda. Arrependimento não é pesar.

Em segundo lugar, arrependimento não é remorso. Remorso é o que você sente pelo que causou a outros. Jamais esquecerei a trágica experiência de um homem que aconselhei. Ele tinha uma doença venérea como consequência de seu modo de vida. No entanto, embora se sentisse mal por tudo o que havia feito, ele se sentia muito pior por ter transmitido a enfermidade à sua amada filhinha, que não tinha nem dez anos de idade. Era possível ver o remorso em seu rosto por ter transmitido a doença à sua filha, cuja vida seria arruinada. Remorso é quando você fere um cônjuge e uma criança inocente. Mas remorso não é arrependimento.

A terceira afirmação é que arrependimento sempre se refere ao que você fez contra Deus.

Na história do filho pródigo contada por Jesus em Lucas 15, o jovem, após cair em si, correu para encontrar-se com seu pai e lhe disse: "Pai, pequei contra o céu e contra ti". Arrepender-se é perceber o que você fez contra o céu, o que fez contra Deus; que violou a lei de Deus; que Deus vê o que você fez; que você insultou o amor de Deus e provocou a sua ira, e necessita apenas da misericórdia de Deus. Tudo isso é um olhar na direção de Deus.

Arrependimento não é sentimento de tristeza. A tristeza piedosa pode levar alguém a arrepender-se, mas arrependimento é algo um pouco diferente, e quero compartilhar com você três dimensões que, juntas, constituem o arrependimento. São elas: arrependimento em *pensamento*, em *palavra* e em *ação*, três elementos que formam o verdadeiro arrependimento. É isso que o Livro de Oração Comum da Igreja Anglicana quer dizer quando declara que todos os que se arrependem verdadeiramente de seus pecados são bem-vindos à mesa do Senhor. Em primeiro lugar, o arrependimento verdadeiro ocorre no nível do pensamento, é a convicção do pecado e o primeiro passo; a própria palavra grega para arrependimento – *metanoia* – significa "mudar de ideia ou pensamento" a respeito de si mesmo. Perceba que a maioria de nós mede o próprio caráter segundo padrões equivocados. Costumamos nos comparar a outras pessoas e, pelos padrões de outros, somos razoavelmente bons. Não sou criminoso nem canibal, e quando me comparo a esses dois grupos, sinto-me bem. É o padrão errado.

Em Guildford, Surrey, eu costumava cortar meu cabelo com um homem chamado Chris. Certo dia, ele me disse de repente:

— Sou tão bom quanto qualquer pessoa que frequenta sua igreja.

Eu respondi:

— Você não os conhece o bastante para saber se é tão bom quanto qualquer um deles – respondi. — Creio que você teria dificuldade em fazer essa afirmação se os conhecesse melhor. Mas não me preocuparia nem um pouco se, de fato, você fosse uma pessoa melhor do que qualquer um em nossa igreja.

— Verdade? Por que não? – perguntou ele.

— Porque não nos comparamos uns com os outros. Nós nos comparamos a Jesus. Diga-me, Chris, você é tão bom quanto Jesus?

Um momento de silêncio se seguiu enquanto ele acertava o corte na minha nuca, e então ele disse:

— Bem, talvez não.

Em seguida, ele começou a adotar uma atitude menos afrontadora e tivemos uma conversa realista. Chris estava fazendo a comparação errada. Não nos comparamos a outras pessoas da igreja. Devemos nos comparar a Jesus, e é assim que começamos a nos sentir sujos. É nesse momento que começamos a sentir que somos impuros.

Já leu o antigo romance *The Water-Babies*, de Charles Kingsley? É a história de um garoto chamado Tom, que trabalhava como limpador de chaminés e, em consequência de seu trabalho, estava sempre coberto de fuligem. Ele vivia entre outros limpadores de chaminés e, sendo todos como ele próprio, escuros pela fuligem, isso não chamava sua atenção. Certo dia, ele desce pela chaminé de uma grande casa e entra no quarto de uma garotinha chamada Ellie, que dorme em sua cama. Ali, pela primeira vez, ele vê uma criança limpa e se dá conta de como está sujo, e esse é o início de uma mudança em sua vida – uma bela história.

Quando nos encontramos com Jesus e o contemplamos, percebemos como estamos sujos. Foi o que aconteceu a Simão Pedro. Ele disse a Jesus: "Afasta-te de mim; estou impuro, estou sujo". O mesmo sucedeu a um homem chamado Isaías, um profeta do Antigo Testamento. Ele viu o Senhor certa vez – teve uma visão real na qual Deus era exaltado e elevado –, mas não foi a grandiosidade de Deus que o perturbou, e sim sua santidade que o levou a declarar: "Sou um homem de lábios impuros". É interessante que foi o falar torpe que condenou Isaías – quer fossem blasfêmias, obscenidades ou até piadas sujas. Mas ele só percebeu que seus lábios eram impuros quando teve uma visão de Deus. Esse é o início do arrependimento. Você tem uma visão mais elevada de Deus e uma visão mais inferior de si mesmo. É essa comparação que dá início ao arrependimento. Portanto, quanto mais elevada for nossa visão de Deus, mais inferior será a visão que temos de nós mesmos. Na Idade Média, tentaram produzir esse efeito artificialmente, construindo imensas catedrais cuja grandiosidade nos faz sentir pequenos. Porém, tudo era artificial e não produzia a reação correta. É quando vemos o Senhor "exaltado e elevado", grande em sua santidade, em sua pureza, que simplesmente nos sentimos sujos.

A maioria das pessoas pensa que o pecado está sempre relacionado a algo sexual, mas não está – embora fosse um erro da minha parte afirmar que não haja pecados sexuais. Mas é o que decorre do sexo que costuma trazer condenação, e os dois grandes pecados encontrados na Bíblia são a fornicação, antes do casamento, e o adultério, depois do casamento. Esses são os dois principais pecados, embora haja outros. Há também a coabitação e, acima de tudo, o comportamento homossexual. Quando olhamos pela perspectiva de Deus, percebemos que ele muito se enoja de algumas dessas coisas. Em outras palavras, Deus odeia o pecado. E no verdadeiro arrependimento, começamos a partilhar desse ódio pelo pecado. No entanto, cometemos um grande erro se pensamos que o pecado está limitado à esfera sexual.

Vejamos alguns outros. O Sermão do Monte afirma que a preocupação é um grande pecado. Ela difama nosso Pai celestial; é como uma afirmação de que ele se importa mais com seus animais de estimação e com seu jardim do que com seus filhos. Então por que nos preocupamos? É como declarar que seu Pai celestial não cuida de você, que não tem o controle sobre suas circunstâncias.

Observamos outro pecado na Bíblia que geralmente não consideramos pecado: a preguiça. No livro de Provérbios, a preguiça é um pecado grave. Até o Novo Testamento afirma: "Se alguém não quiser trabalhar, também não coma". Certa vez fui obrigado a colocar isso em prática. Conhecemos um jovem na igreja que era o podemos chamar de "estudante profissional". Assim que concluía um curso inscrevia-se em outro, e seguiu dessa forma durante nove anos, vivendo à custa dos contribuintes, sem qualquer intenção de trabalhar. Um dia, ele veio falar comigo por volta do meio-dia. Tínhamos uma sala com área de estar e de jantar separadas por uma passagem em arco. Ele se sentou e ficou olhando através do arco, de onde poderia ver quando nossa mesa fosse posta para o almoço. Seu olhar se mantinha fixo naquela mesa. Era possível ler sua mente: ele queria uma refeição grátis. Continuei conversando com ele até por volta das 13h30, quando ele comentou:

— Está na hora do seu almoço.

Eu disse ao jovem:

— Sinto muito, mas a Bíblia me proíbe de lhe oferecer uma refeição.

— Onde está isso? – perguntou ele.

Mostrei-lhe o versículo na carta de Paulo: "Se alguém não quiser trabalhar" – observe que não diz "se alguém *não puder* trabalhar", mas "*não quiser* trabalhar" – "também não coma". E continuei:

— Você não tem intenção de trabalhar, pretende continuar sendo estudante, um curso após o outro.

Bem, ele foi embora, e seu humor não estava dos

melhores. Ou, pelo menos, percebi não éramos melhores amigos. Meses depois, a campainha de casa soou e, quando atendi à porta, lá estava o jovem que me disse:

— Pode me oferecer uma refeição agora.
— Por quê? – perguntei.
— Arranjei um emprego, estou trabalhando.
— Entre, entre – eu lhe disse – pode comer o que quiser aqui em casa.

Sei que minha atitude pode parecer um pouco dura, mas a igreja não é e não deve ser condescendente. Devemos ser sensatos. Apenas citei o versículo ao jovem e, com o tempo, ele o aceitou e o encarou com seriedade, caiu em si e arranjou um emprego. Aleluia por isso!

A dívida é outro pecado que encontramos na Bíblia, pois se você deve dinheiro a alguém, na verdade está roubando. Além de estar tirando dinheiro do bolso dessa pessoa, está privando-a de um dinheiro que lhe é devido e que deve ser ressarcido. A Bíblia, portanto, afirma que dívida é pecado e Deus se entristece quando você se torna devedor. Mas não me entenda mal – não me refiro ao financiamento de uma casa ou a uma conta no posto de gasolina paga mensalmente. Isso não é dívida. Dívida é quando há atraso no pagamento. E quando alguém deveria ter recebido o dinheiro e não o recebe de você – isso é roubo.

Esse é só o começo de uma lista de 120 pecados diferentes, no Novo Testamento apenas, e se você olhar rapidamente a lista ficará surpreso com o número de pecados que comete. Em outras palavras, só começamos a ter uma visão mais precisa de nós mesmos quando pensamos como o Senhor e enxergamos as coisas segundo a perspectiva dele, e percebemos o que o indigna e o que o desagrada, o que ele odeia.

Voltamos, portanto, ao que eu disse anteriormente: quanto melhor for sua visão de Deus, pior será sua visão de si mesmo; quanto mais elevada for sua visão de Deus, mais inferior será a visão que você tem de si mesmo. Isso se aplica àqueles que atingiram a maturidade na vida cristã. Eles veem Deus de forma tão verdadeira que jamais acreditariam ser eles mesmos suficientemente bons, e o fato de pensarem e sentirem de uma forma santa é sinal de maturidade. A impiedade consiste em ter um modo de pensar diferente do de Deus; é pensar como todos os outros pensam e sob essa perspectiva, não há nada errado com sua vida, você é uma boa pessoa. É muito diferente de quando vemos o que Deus vê: todas aquelas coisas que estão arruinando nossa vida, das quais só Jesus pode nos *salvar*! Ele não veio nos salvar dos pecados que não percebemos, mas de todos eles, e a vida cristã consiste em estar cada vez mais conscientes dos nossos pecados e dizer: "Deus, quero me livrar *dessa prática pecaminosa*, quero mudar de comportamento".

Chego, então, à dimensão seguinte, que é o arrependimento em *palavra*. O arrependimento começa com a reflexão; "arrepender-se" significa reconsiderar. O "arrependimento em palavra" é a confissão de pecados; é citá-los um a um, e não apenas dizer: "Senhor, sou pecador". Essa é a falha da "oração do pecador". Afirmar "Senhor, eu pequei; todo mundo peca, então eu também devo ter pecado" não é arrepender-se. Arrependimento é quando você está preparado para dizer: "Senhor, pequei *nisso* e *naquilo*", e relatar suas faltas perante Deus. Isso é confessar um pecado segundo a Bíblia; na verdade, é a confissão de *pecados*, no plural.

Lembro-me de aconselhar uma jovem estudante do Canadá cujo desejo era ser cheia do Espírito. Oramos por isso, mas nada aconteceu.

— Vamos mudar a oração – sugeri –, vou orar para que Deus lhe mostre o que está impedindo que você seja cheia do Espírito.

Oramos dessa forma e, quando abrimos os olhos, ela olhou

para mim e disse:
— Eu sei o que é.
Ingenuamente, perguntei:
— O que é?
— Não vou lhe dizer – respondeu.

Isso aconteceu em uma grande cidade do Canadá, onde ela havia trabalhado como secretária do diretor de uma grande loja. Quando saiu, a jovem dirigiu-se imediatamente à loja e entrou no escritório do diretor. Ele a cumprimentou:
— Oi, é um prazer vê-la novamente. Como vão as coisas?
— Não muito bem – disse ela. – Certa noite, quando eu trabalhava aqui como sua secretária, saí muito tarde, quando não havia mais funcionários na loja. Vi uma linda pulseira sobre um dos balcões e a peguei, ela custava 10 dólares e eu não paguei por ela. A jovem, então, retirou 10 dólares da bolsa, colocou o dinheiro sobre a mesa e continuou:
— Quero pagar por ela.

O homem pareceu terrivelmente constrangido, como se também sempre pegasse itens da loja, e tentou confortá-la:
— Você não deveria se preocupar com isso, era só uma pulseira.
— Sim, mas estava me impedindo de ser cheia do Espírito – ela respondeu.

Ele não entendeu nada. E disse:
— Bom, deixe isso para lá.
— Não – retrucou a jovem – tenho que pagar por ela – e foi o que fez.

Desceu ao estacionamento, entrou em seu carro, deu partida e *transformou-se*. Ao longo de todo o percurso até a universidade, começou a louvar o Senhor em uma língua desconhecida. Depois ela me contou o que havia feito e você teria dito: "Não era nada demais, só um objeto de pouco valor".

Você sabe como foi a conversão do General Booth,

fundador do Exército da Salvação? Ele se converteu quando confessou ao Senhor que havia roubado um lápis de um colega de escola muitos anos antes – e assim foi liberto para ser o que Deus desejava que ele fosse. Um lápis? Sim, um lápis. Deus se aborreceu por causa um lápis. É quando você confessa pecados – no plural. Os protestantes não são muito dados à confissão – deixamos isso com os sacerdotes católicos-romanos –, mas trata-se de uma prática saudável e o Novo Testamento afirma que "se confessarmos os nossos pecados, ele é fiel e justo para perdoar os nossos pecados e nos purificar de toda injustiça". Uma promessa extraordinária.

Quando foi que concluímos que poderíamos ter uma "confissão coletiva"? Na Bíblia, isso não existe. Penso em quando Jesus disse a Zaqueu: "Quero almoçar com você hoje". E Zaqueu confessou, durante o almoço em sua casa: "Tenho adulterado as contas; venho cobrando das pessoas mais do que deveria, e ganhei um bom dinheiro com isso". Mas continuou: "Agora vou devolver quatro vezes mais a cada um que prejudiquei financeiramente". Já imaginou se isso acontecesse hoje? E Jesus declarou: "Hoje houve salvação nesta casa". Esse é o verdadeiro arrependimento.

O arrependimento em pensamento, portanto, é a *convicção* do pecado; o arrependimento em palavra é a *confissão* do pecado; e o arrependimento em ação é a *correção* do pecado – corrigir o erro cometido. É aí que a coisa complica. É nesse aspecto que o arrependimento é considerado difícil, porém é quando ele se torna real.

Vou comentar dois textos do Novo Testamento. Um deles é de João Batista, cujo batismo era um batismo de arrependimento. Servia para purificar, para lavar o passado. Ele dizia: "Se você deseja ser lavado, então arrependa-se primeiro e produza frutos dignos de arrependimento". Quando lhe perguntaram o que ele queria dizer, ele respondeu: "Se você tem bens em demasia, vá e doe parte desses bens". Ele mencionava roupas em especial. João Batista disse também: "Se você trata mal alguém, pare de fazê-lo". É muito realista, muito prático, muito real.

Certo amigo mentiu para vender uma vaca a outro agricultor, dizendo que o animal era mais jovem do que realmente era. A vaca não valia o dinheiro pago. O jovem agricultor devolveu ao comprador o valor que cobrou a mais; a diferença entre o valor da vaca em sua verdadeira idade e a idade pela qual ele a havia vendido. Uma medida muito prática.

Outro amigo foi à polícia e confessou um crime que havia cometido, porém nunca fora descoberto – a maioria dos crimes não é desvendada. Ele foi levado perante magistrados e um juiz e, por ter confessado e se apresentado voluntariamente, recebeu uma sentença mais branda e ficou preso por alguns meses apenas. Enquanto esteve na cadeia, conduziu vários outros prisioneiros ao Senhor, mas logo teve de despedir-se deles. Então lembrou-se de outro crime que havia cometido, confessou-o à polícia e voltou à prisão, onde pôde discipular as pessoas que havia levado ao Senhor. Ele mesmo me disse: "David, sou o único evangelista totalmente sustentado por Sua Majestade, a Rainha". Quando saiu da prisão, ele foi ao Festival de Glastonbury, na Inglaterra, e começou a evangelizar os jovens ali. Levava consigo um tambor com capacidade para quase 200 litros de água, e ali mesmo batizava os novos convertidos. É uma pessoa excelente, hoje um ministro batista em Surrey, Inglaterra. Ele fez algo real. Estava endireitando o que era possível endireitar.

Há outro texto que gostaria de compartilhar com você. Foi João Batista quem disse "Deem fruto que mostre o arrependimento", e uma das afirmações que fez eu nunca vi como tema de um sermão. Ele disse: "Contentemse com o seu salário". Você já relacionou essa frase ao arrependimento? Consigo entender por que não há pregações sobre isso, mas é parte da Palavra de Deus.

Vou dar alguns exemplos com base em minha própria experiência. Certo dia, um jovem chamado Paul chegou à nossa porta, foi recebido e sentou-se em nosso sofá, que nunca se recuperou da sua visita; ainda guarda as marcas que foram deixadas enquanto ele se ajeitava.

— Sobre o que deseja conversar, Paul? – perguntei.
— Quero ser batizado — disse ele.
— Você sabe como batizamos as pessoas aqui?
— Sim — disse ele — vocês afundam as pessoas na água.
— Então você quer que eu o afunde na água? — perguntei.
— Quero!
— Paul, você sabe o significado da palavra "arrependimento"? —continuei.
— Não. Nunca ouvi — ele respondeu.
— Paul, ouça com atenção. Quero que você vá para casa e faça a Jesus a seguinte pergunta: "Há algo em minha vida que não lhe agrada?". Quando ele responder, abandone esse comportamento e volte aqui.

Depois de três semanas, lá estava Paul, em frente à minha casa.
— Veja! – ele disse estendendo as mãos.
— Não entendi. O que você quer dizer? – perguntei.
— Parei de roer as unhas.

Talvez você ache isso divertido, mas eu lhe disse:
— Certo, Paul, agora eu vou batizá-lo.

Ele não entenderia se eu lhe dissesse: "Você produziu frutos dignos de arrependimento". Paul, contudo, estava demonstrando, de uma forma muito prática e realista, que não desejava nada que Cristo não aprovasse e, para mim, aquilo era suficiente.

A maioria das pessoas batizadas na água sequer demonstra

algum arrependimento do tipo "Parei de roer as unhas". Para Paul, era algo muito real, as unhas deveriam estar em bom estado perante Deus, pois ele as criara.

Também tive uma experiência na cidade petrolífera de Aberdeen, Escócia. Fui convidado para pregar o evangelho por três noites em um auditório, e no final da terceira noite, uma jovem veio falar comigo. Ela não estava nada bem. Soluçava, estava com raiva; tinha manchas na pele e, de fato, parecia mal. E me disse:

— Sr. Pawson, o senhor me deixa frustrada.
— Por quê? Como? – perguntei.
— O senhor me fez desejar ser cristã.
— Mas foi justamente para isso que vim aqui – retruquei.
— Não, o senhor não está entendendo. Durante 18 meses tentei ser cristã. Fui à frente a cada apelo feito em todos os encontros evangelísticos. Recebi aconselhamento. Frequentei aulas. Fiz tudo o que me disseram, mas nada mudou. Nada aconteceu. Então desisti. Há algumas semanas, disse a mim mesma: "Não existe nada nesse cristianismo para mim".

— E por que você veio aqui nesta noite? – perguntei.

Ela disse:

— Uma amiga insistiu que eu a acompanhasse para ouvi-lo. Eu havia desistido de ser cristã, e agora o senhor despertou novamente esse desejo e eu sinto que fracassei.

Pedi ao Espírito Santo uma palavra de sabedoria e ele atendeu o meu pedido. Olhei nos olhos da jovem e lhe perguntei:

— Com quem você está morando?

Ela enrubesceu levemente e disse:

— Com meu namorado.
— Vocês são casados? – perguntei.
— Não.
— Estão vivendo como se fossem casados? – insisti.

— Sim.
— Por que não se casaram? – continuei.
— Ele não acredita em casamento. Diz que é apenas um pedaço de papel; o importante é que nos amamos.

Então eu lhe disse:
— Bem — continuei — se ele a deixar amanhã, não estará quebrando nenhuma promessa, pois jamais fez promessa alguma.
— Ele não vai me deixar — disse ela — ele me ama muito.
— Você tem uma decisão muito difícil a tomar. Gostaria de tomar essa decisão em seu lugar, mas não posso. Você precisa decidir com qual homem deseja viver – Jesus ou esse jovem – mas não pode viver com os dois. Jesus não fará parte desse tipo de acordo.

A jovem ficou realmente irada e respondeu:
— Ninguém me disse isso.
— Mas ninguém tentou ajudá-la – continuei – estou lhe dizendo o que eles deveriam ter dito.

Eu estava apenas mostrando àquela jovem o que significa arrepender-se. Significa, acima de tudo, abrir mão de um relacionamento inapropriado. Então ela saiu apressadamente do auditório e percebi que chorava enquanto saía, e senti tristeza por ela.

Pensei imediatamente no jovem rico que procurou Jesus. Jesus o amou e lhe disse: "Tudo o que você precisa fazer é livrar-se do seu dinheiro e me seguir". O jovem tinha muito amor por seu dinheiro e, quando confrontado com a decisão, escolheu o dinheiro.

Já voltei a Aberdeen outras vezes e sempre tive a esperança de encontrá-la novamente, mas isso não aconteceu. Eu nunca me esqueci dela. Entendi como o Senhor Jesus se sentiu quando o jovem rico o deixou, decidido a amar seu dinheiro. Eu disse àquela jovem o que significava arrepender-se, mas era algo que ela não estava disposta a fazer. Portanto, você tem êxito com alguns, mas fracassa com outros.

Fui convidado para pregar em Camberra, a capital da Austrália, e não carregava nenhuma bagagem de mão comigo. Minhas melhores roupas estavam em uma mala, em algum lugar do aeroporto. Dessa forma, tive de ir com minha roupa informal para falar às duas casas do poder legislativo. Foi bastante constrangedor. Enfim, falei sobre arrependimento, e depois de concluir a mensagem, enquanto os membros do Parlamento saíam, um deles sussurrou ao meu ouvido, dizendo: "Vou voltar para casa e corrigir minha declaração de imposto de renda". Ele não estava chorando, mas havia arrependimento ali.

Esse é o significado de arrepender-se. É ser muito prático – corrigir o que pode ser corrigido.

Algumas coisas, contudo, não podem ser corrigidas. Certa mulher, na França, sentia-se culpada pelo pecado da fofoca. Era a fofoqueira do bairro, sempre falando da vida de outras pessoas – "levantando falso testemunho", como diria a Bíblia. Foi confessar-se ao padre, que lhe ordenou que fizesse penitência. É assim que os padres costumam fazer.

Ela disse:

— Faço qualquer coisa; o que terei de fazer?

O padre respondeu:

— Vá para casa, arranque as penas de dois frangos, coloque-as em um saco e retorne aqui.

Assim ela fez e, quando voltou, o padre lhe disse:

— A penitência não acabou. Você deve andar pelas ruas da cidade espalhando as penas que estão na sacola – e foi o que ela fez.

A mulher voltou em seguida e perguntou ao padre:

— Agora posso ser perdoada?

— Não, só falta mais uma coisa – respondeu o sacerdote.

— O que é? – perguntou a mulher.

— Volte à cidade e recolha todas as penas – disse-lhe o

padre.

— Não consigo fazer isso, elas estão espalhadas por todos os lugares – queixou-se a mulher.

— Não consegue mesmo – disse-lhe o padre – foi o que aconteceu com a sua fofoca nesta cidade. Você não consegue impedir que suas palavras se espalhem nas mentes de todos. Agora teremos que lidar com isso.

Ele foi um bom padre ao fazer essa afirmação. Fofocar é pecado.

Foi um menino quem afirmou que arrepender-se é "sentir-se tão triste e arrependido a ponto de parar de pecar". Deixar de pecar é parte do arrependimento, razão pela qual fico incomodado quando ouço todos na igreja recitando a confissão coletiva. Tenho vontade de me levantar e gritar: "O que vocês estão confessando? Em que estão pensando?". Creio que a maioria deles não tem em mente um pecado em especial, portanto não pode haver arrependimento verdadeiro. Mas se você está sinceramente arrependido, deixe de cometer esse pecado. O Senhor lhe concederá graça para fazê-lo se seu arrependimento for verdadeiro. Se aqueles que recitam a confissão coletiva, todos os domingos, eliminassem apenas um pecado por semana, teriam 52 pecados eliminados em um ano. Imagine o resultado disso em seu caráter e em sua conduta. No entanto, propor uma confissão coletiva é o mesmo que afirmar: "Assine um cheque em branco e tudo o que você fez de errado esta semana será apagado". Não funciona dessa forma.

Lembro que, certa vez, estava pregando em Milton Keynes, na Inglaterra, e no meio do sermão, um jovem se levantou e saiu. Bom, eu não o culpo. Eu também não gosto de ouvir a mim mesmo – pelo menos não em gravações. Vinte minutos depois, ele retornou trazendo uma pilha de discos e, então, disse à toda a congregação: "Posso falar? Fui convencido do pecado de ouvir música *heavy metal* e esta é minha coleção de discos de bandas *heavy metal*".

E ali, diante de todos nós, ele quebrou todos os discos! Foi um acontecimento e tanto na vida daquela congregação. E você pode imaginar o efeito que produziu.

Outro pastor colocou uma caçamba de lixo em frente à sua congregação e disse: "No próximo domingo, traga todo o seu lixo e seu material pecaminoso e coloque-o aqui, e nos livraremos de tudo".

No domingo seguinte, ele ficou assombrado com a quantidade de livros, discos e todo o tipo de objetos que foram trazidos, jogados na caçamba e descartados. Isso é arrependimento. É pagar suas dívidas, é desculpar-se com pessoas, é devolver bens roubados, é confessar crimes que jamais foram desvendados.

Lembro-me de um jovem que estava preenchendo um formulário de emprego cuja pergunta de número 5 era: "Você já foi preso?", e sua resposta foi "Não". A pergunta seguinte dizia: "Por quê?". Depois de refletir um pouco, ele escreveu: "Nunca fui pego". Meu ponto ficou claro? O arrependimento começa no pensamento – é a reconsideração, a reflexão sobre a bondade de Deus e sobre a nossa conduta, bem como o contraste entre ambas. Em seguida, evolui para o arrependimento em palavra, quando você confessa e cita o pecado perante Deus. O pecado que não é citado, não é tratado. Você simplesmente volta a repeti-lo na semana seguinte.

Vi, certa vez, uma fileira de carros luxuosos em frente a uma pequena igreja católica-romana nas Filipinas, a muitos quilômetros de distância da cidade principal. Achei estranho ver todos aqueles carrões em frente daquela pequena igreja, em uma área rural, e perguntei ao meu motorista:

— Por que eles estão ali? É um reavivamento na igreja ou algo grande está acontecendo por lá?

— Não – ele disse – isso acontece todos os sábados à noite.

Quando perguntei o motivo ele respondeu:

— A igreja tem um padre idoso e tudo o que ele exige pelo pecado do adultério é que rezem algumas ave-marias. Por isso, todos os sábados, as pessoas vêm se purificar do adultério da semana, mas depois retornam à prática e, no próximo sábado, voltarão para obter o perdão fácil.

Pensei: "Isso não tem nada a ver com o Novo Testamento. Não é arrependimento. Mesmo que eles rezem dez ave-marias, essa não é a forma de lidar com o problema".

Portanto, quando surgir a oportunidade, quando você estiver levando uma pessoa a Cristo, conduzindo-a nos primeiros passos, como poderá ajudá-la a se arrepender? Ela precisa de ajuda em três aspectos.

Primeiro, ela precisa de ajuda para encarar com seriedade esse passo, e o verdadeiro arrependimento sempre virá acompanhado do temor do Senhor. Aprender a temer a Deus é o princípio da sabedoria. Pode parecer contraditório, mas quando tememos a Deus, começamos a nos tornar sábios. Então como fazer isso? Bem, fale sobre a ira de Deus. Ele se ira com o pecado. Ele odeia o pecado; o pecado o leva à ira. Cedo ou tarde, *todos* prestarão contas a Deus pela maneira como viveram. Chegará o dia em que todos nos apresentaremos perante Deus e prestaremos contas da forma como temos vivido, e esse temor saudável do Senhor é um fator importante para nossa correção. Não estamos brincando com Deus. Nós o levamos a sério, comprometemo-nos com ele e ele se compromete conosco.

Segundo, você precisa ajudar essa pessoa a ser específica, e isso é possível de várias maneiras – uma conversa guiada. Se estou conduzindo alguém ao Senhor, faço as seguintes perguntas: "Você deseja aceitar Jesus como seu Salvador?". "Ah, sim". "Você deseja que ele o salve de todos os seus pecados?". "Sim". "De que pecados você deseja que ele o salve?". E, curiosamente, é nessa pergunta que começa o arrependimento: "De que pecados você deseja que ele o salve?". A resposta costuma ser: "De todos eles". Então preciso dizer: "Você não cometeu todos eles. Cometeu apenas alguns, então seja específico; de que pecados você quer que ele o salve?". Ou, no caso da jovem em Aberdeen, recebi do Senhor uma palavra de sabedoria e de conhecimento quando perguntei: "Com quem você está vivendo?". Ou você poderia simplesmente perguntar: "Qual é o seu pecado recorrente?". A maioria das pessoas sabe com qual pecado tem mais dificuldade.

Terceiro, você precisa ajudar essa pessoa a buscar o discernimento. Nossas emoções são enganosas. Podemos nos *sentir* culpados pelo que não temos culpa – não estamos falando de ser realmente culpado, mas de *sentir-se* culpado. Portanto, ajude as pessoas a agir com a razão e não permitir que sejam levadas pelas emoções e, acima de tudo, a serem sensatas a respeito do que estão tentando corrigir. Ninguém pode endireitar todos os erros que cometeu. As pessoas precisam de ajuda para saber o que podem fazer para corrigir uma situação, e isso significa discutir com elas algumas dificuldades reais. Algumas das discussões mais duras que tive foram a respeito de divórcio e novo casamento, razão que me levou a escrever um livro sobre o tema, pois Deus não reconhece o divórcio, e qualquer pessoa divorciada ainda está casada aos olhos de Deus e, consequentemente, como Jesus afirmou de forma específica, casar-se novamente após o divórcio é cometer adultério – o pecado das pessoas casadas. Você permanece casado com seu primeiro cônjuge. Mas as pessoas precisam de aconselhamento e ajuda para que possam corrigir seus erros, sem permitir que suas emoções as governem.

O arrependimento continuará pelo resto de sua vida, por toda a sua vida, ou enquanto você viver. À medida que envelhecemos e amadurecemos em santidade, há um crescente discernimento do pecado. Tornamo-nos mais sensíveis aos aspectos de nossa vida que Deus não aprova e sentimos o desejo de enfrentá-los.

Qual é a importância do arrependimento? A resposta, em poucas palavras, é a seguinte: o arrependimento torna o perdão possível, e sem arrependimento, não há perdão. Isso acontece da parte de Deus, mas também se aplica ao perdão de uns para com os outros. Jesus disse que devemos perdoar nosso irmão 77 vezes. Ele também disse: "Se o seu irmão pecar, repreenda-o e, se ele se arrepender, perdoe-lhe" (Lc 17.3). Já tinha visto isso? Não é possível perdoar uma pessoa que não se arrependeu, mas se ela se arrepender, você deve perdoá-la. Portanto, o perdão que alguns afirmam conceder a alguém que tenha explodido uma bomba, por exemplo, não é possível se a pessoa não se arrepender. O que você pode fazer é declarar: "Não há amargura ou ressentimento em meu coração, e se ele de fato se arrepender, eu posso perdoá-lo". É o arrependimento que torna o perdão possível e vou concluir mencionando dois versículos que fazem essa afirmação. Um deles está no final do Evangelho de Lucas, em que o próprio Jesus afirma que o arrependimento e o perdão de pecados serão pregados a todas as nações, começando por Jerusalém. E Paulo, ao descrever seu ministério, declarou: "Não fui desobediente à visão celestial. Preguei em primeiro lugar aos que estavam em Damasco, depois aos que estavam em Jerusalém e em toda a Judeia, e também aos gentios, dizendo que se arrependessem e se voltassem para Deus, praticando obras que mostrassem o seu arrependimento". Frase interessante. Esse era o ministério de Paulo: ele pregava o arrependimento aos gentios para que se voltassem para Deus e provassem seu arrependimento por meio de suas obras. É tudo o que posso dizer a respeito do arrependimento.

3

CRER NO SENHOR JESUS

Agora, voltemos nossa atenção para o segundo passo no caminho da salvação: *crer*. De certo modo, esse é o passo mais importante. Está por trás de todos os outros. A fé é a chave de cada passo que você dá na vida cristã, por isso é essencial que falemos sobre ela. Há cinco elementos da fé. É uma receita com cinco ingredientes que pode parecer um pouco complicada, mas não será *fé salvadora* até que contenha todos os cinco.

O primeiro elemento da fé é *histórico*. A fé não se baseia em sentimentos. Baseia-se em fatos, eventos que realmente ocorreram na história há dois mil anos, para os quais há evidência histórica. Obviamente, ninguém estava presente. O júri de um tribunal precisa construir um caso sobre dois fundamentos. Primeiro, o relato de testemunhas oculares e, segundo, as provas circunstanciais. Suponha que um homem esteja sendo julgado pelo assassinato de sua mulher. O júri precisa construir um caso sem ter presenciado o assassinato e sem conhecer o marido. Como isso é possível? Bem, a melhor prova em um caso de assassinato será, acima de tudo, o relato da testemunha ocular, caso exista uma. Alguém que se sentasse no banco de testemunhas e afirmasse: "Eu o vi esfaquear sua mulher pelas costas e, em seguida, empurrá-la do penhasco". No entanto, também pode haver relatos de testemunhas oculares afirmando que alguém viu o homem caminhando com sua esposa em direção à beirada do penhasco e outra pessoa pode tê-lo visto voltando sozinho. Isso seria um testemunho ocular.

E quais seriam as provas circunstanciais? A descoberta de que ele tinha uma amante, de que planejava fugir com ela e havia comprado duas passagens aéreas, para ele e para a amante, e de que desviara dinheiro da empresa onde trabalhava. Tudo isso contribui para a construção de um cenário para que o júri seja capaz de decidir, de forma incontestável, que ele assassinou sua esposa.

Para um evento como a ressurreição de Jesus, por exemplo, temos tanto testemunhos oculares quanto provas circunstanciais, a ponto de certo respeitado juiz da Inglaterra afirmar que se as provas da ressurreição de Jesus fossem examinadas, qualquer júri do mundo chegaria à decisão unânime de que realmente aconteceu. Mas por que as pessoas não examinam as provas? Elas simplesmente não o fazem. Receiam que precisem mudar de vida caso o evento seja verdadeiro e Jesus tenha, de fato, ressuscitado dos mortos. Não surpreende que as pessoas não queiram saber a respeito das provas. No entanto, para cada parte da nossa fé, há uma evidência histórica. Embora não estivéssemos lá para ver o que aconteceu, temos as provas circunstanciais e o relato das testemunhas oculares.

Nossa fé baseia-se em fatos. Ela não é vacilante; não está baseada em sentimentos, embora eles possam estar presentes. A fé se baseia em provas contundentes. Há um elemento histórico da fé. Esses fatos ocorreram uma única vez, nunca se repetiram. E o primeiro elemento da nossa fé é crer que eles ocorreram, particularmente três deles: a morte, o sepultamento e a ressurreição de Jesus. Em 1Coríntios, lemos que esses são os três elementos históricos básicos da nossa fé – que Jesus foi crucificado, sepultado e ressuscitou dos mortos. Todos os três são comprovados da mesma forma como se comprova qualquer evento histórico.

Nossa fé, portanto, resiste firmemente porque ninguém pode desfazer esses fatos. Ninguém pode devolver Jesus ao túmulo. Ele saiu de lá! Ele se libertou! Ninguém pode devolver Jesus à cruz. Ele foi crucificado por nós – isso é um fato! E ninguém pode sepultá-lo novamente. Curiosamente, o sepultamento de Jesus é tão importante para nossa fé quanto sua morte e ressurreição. É vital que ele tenha sido sepultado. Já preguei em muitos funerais e pude observar que o sepultamento é o último adeus. É estranho, mas quando visito uma viúva cujo marido acabou de falecer, ela se refere ao marido como se ele ainda estivesse vivo. E pergunta: "Você gostaria de vê-lo?". Na verdade, eu não gostaria, mas ela quer que eu o veja, então vamos até o quarto e lá está ele, sobre a cama; ela afaga sua testa, seus cabelos e ajeita o travesseiro sob sua cabeça. Ela diz "Você pode vê-lo", porque ele *está* no aposento ao lado. Após o sepultamento, contudo, a linguagem da esposa muda totalmente e ela declara: "Ele *foi* um bom marido para mim. *Era* um bom homem". O que a fez passar do tempo presente para o tempo passado quando se refere a seu marido? A resposta é: o sepultamento. O sepultamento deixa a pessoa longe dos olhos e, a partir daquele momento, sabe-se que jamais será possível vê-la ou tocá-la outra vez. Isso aconteceu com Jesus – ele foi sepultado. Você crê nisso? Pois isso é parte da nossa fé – não apenas que ele morreu, mas que foi sepultado e ressuscitou. Esse, portanto, é o início da fé: aceitar a verdade dessa história, crer que ela realmente aconteceu, e que aconteceu por você. Esse é o elemento histórico da fé.

O segundo elemento da fé é o elemento pessoal. Já perguntei a alguns grupos de ouvintes: "Quantos aqui creem que eu existo? Podem erguer as mãos?". Então continuo: "Quantos de vocês creem *em* mim?". O número de mãos erguidas é um pouco menor. Na cidade de Hanover, na Alemanha, perguntei a uma grande congregação de uma igreja moderna e sofisticada: "Quantos de vocês creem *em* mim?". Aproximadamente cinco pessoas ergueram a mão. Insisti: "Quantos de vocês creem que eu existo?". Todos ergueram as mãos, porém apenas cinco pessoas haviam erguido as mãos para dizer que acreditavam *em* mim. Essa é a diferença. A fé pessoal crê *em* Jesus. Não crê apenas que ele morreu, foi sepultado e ressuscitou (embora também creia nisso), mas crê *nele*. Uma senhora muito bem vestida, com ares de inteligência, estava assentada na primeira fileira, e eu, pensando que poderia brincar com ela, lhe disse: "Você ergueu sua mão mostrando que acreditava em mim. Eu não sei se acredita em mim. Se deixasse todo seu dinheiro aos meus cuidados eu saberia que acredita em mim". Percebi que houve certa tensão no local. O pastor me contou mais tarde que ela era a mulher mais rica de Hanover; seu marido fora proprietário de metade da cidade, e, com a morte dele, ela havia herdado seus bens. Tive a impressão de que ela havia financiado a nova igreja, e lá estava eu dizendo-lhe: "Entregue seu dinheiro aos meus cuidados e eu saberei que acredita em mim". Isso realmente aconteceu.

Mas essa é a diferença: uma coisa é crer *que* Jesus morreu e ressuscitou; crer *nele* é algo bem diferente: é pessoal e envolve confiar e obedecer. Se você crê em uma pessoa, confiará nela e fará o que ela lhe pedir. Fazemos isso todos os dias. Sempre que entro no carro de alguém, deposito minha confiança no motorista, e, sim, isso também envolve obediência. No mundo todo, há apenas duas pessoas em cujo carro eu não entro, pois são péssimas motoristas e eu simplesmente não confio nelas. Sempre que entramos em um ônibus, contudo, estamos confiando no motorista. Quando entramos em um avião, estamos confiando no piloto. Todos os dias depositamos nossa confiança em pessoas. Quando você coloca seu dinheiro no banco, está confiando que ele será devolvido, embora a confiança que temos nos banqueiros já não seja mais a mesma. Mesmo assim, todos os dias confiamos em pessoas, cremos *em* pessoas, simplesmente porque elas parecem ser qualificadas e, aparentemente, sabem o que fazem, então colocamos a nossa vida em suas mãos.

Nunca saltei de paraquedas, mas se o fizesse estaria depositando minha confiança em muitas pessoas. Estaria confiando no homem que embalou o paraquedas. Isso me faz lembrar de uma história engraçada. Não estou certo se deveria contá-la; é a parábola de um soldado paraquedista pessimista. Disseram ao soldado:

— Seu paraquedas abrirá automaticamente. Você só precisa saltar do avião, pois flutuará até o chão e um caminhão estará no campo para pegá-lo e trazê-lo de volta ao acampamento.

Ele, porém, perguntou:

— E se eu bater na cauda ao saltar?

— Isso não vai acontecer. Você entrará na corrente tão rapidamente que nem vai perceber – disseram-lhe.

— Mas e se o paraquedas não abrir? – continuou o soldado.

— Ele abrirá automaticamente, você não precisa fazer nada. Caso ele não abra, puxe o anel em seu peito e ele abrirá.

Chegado o momento, o soldado saltou do avião e pensou: "Tenho certeza de que vou bater na cauda", mas não bateu. Então ele pensou: "Tenho certeza de que o paraquedas não vai abrir", e, de fato, ele não abriu. O soldado, então, puxou o anel, e ainda assim o paraquedas não abriu. E, enquanto ele precipitava-se em direção ao solo, alguém o ouviu dizer:

— Aposto que o caminhão também não estará lá.

Ele não confiava em ninguém e, consequentemente, tudo falhou.

Confúcio está morto; Maomé está morto; Buda está morto – mas Jesus está vivo! Portanto, eu posso crer *em* Jesus. Não posso crer nos outros – todos partiram – mas posso crer em Jesus. Uma vez, eu estava pregando em Cambridgeshire, na Inglaterra, e, no final da pregação, uma moça veio falar comigo. Era uma judia muito elegante, de aproximadamente 25 anos, que disse:

— Sr. Pawson, o senhor está afirmando que Jesus de Nazaré ainda está vivo?

— Sim, eu vim aqui para lhes dizer isso – respondi – eu sei que ele está vivo.

— Mas se ele está vivo, então deve ser *nosso* Messias – replicou a jovem.

Gosto da palavra "nosso". E ela continuou:

— Como posso saber se ele está vivo hoje?

— Venha comigo – eu lhe disse.

Levei-a a uma sala nos fundos da igreja, mostrei-lhe uma cadeira confortável e lhe disse:

— Vou deixá-la por 15 minutos e, nesse tempo, quero que você fale com Jesus. Fale em voz alta porque, se ele está vivo hoje, ele pode ouvi-la. Fale de si mesma, fale sobre sua educação judaica, sobre seus piores temores, apenas bata um papo com ele – converse com ele.

— É só isso? – ela perguntou.

— Sim – respondi – é assim que você descobre se alguém está vivo.

Saí da sala e retornei após 15 minutos e, quando entrei, ela saltou da cadeira e disse:

— Ele está vivo! Ele está vivo!

E, de repente, ela começou a me ensinar a Bíblia. Ela conhecia a Bíblia muito bem. Estava em seu sangue, mas ela não tinha a chave para destravar tudo aquilo. Não havia percebido que Jesus está vivo hoje. E foi isso que aconteceu. Na verdade, para converter um judeu, você só precisa convencê-lo de que Jesus está vivo. É do que os judeus precisam. É tudo de que Saulo de Tarso precisava na estrada para Damasco. Ele disse: "Quem és tu, Senhor?". E Jesus respondeu: "Eu sou Jesus, a quem você persegue". Isso bastou para Paulo. A partir daquele momento, ele se tornou crente.

Essa, portanto, é a diferença. Você pode conhecer Jesus como amigo, como irmão, como alguém com quem conversa, alguém com quem partilha sua vida – incrível! É assim que você descobre rapidamente se ele está vivo. Falamos sobre o elemento histórico da fé, que se baseia em fatos, e falamos sobre o elemento pessoal da fé, em que você crê *em* Jesus. Histórico e pessoal, as duas palavras seguem juntas. O terceiro elemento é o verbal – o histórico, o pessoal e o verbal. A fé, assim como o arrependimento, também precisa ser expressa em palavras – dita – de duas maneiras. Primeiramente, da forma como já mencionei, na conversa *com* Jesus. Isso é colocar sua fé em palavras, especialmente se você falar em voz alta, pois estará tratando Jesus como uma pessoa real. Confessar Jesus com os lábios, portanto, tem duas partes: uma delas é falar com *ele* a respeito de si mesmo e a outra é falar a *outros* a respeito dele. Dessas duas formas você alicerça sua fé; torna-a firme, forte. Sua fé é fortalecida sempre que você fala a alguém a respeito de Jesus e sempre que fala com ele a respeito de outros. Falar fortalece, por isso a Bíblia afirma que se você crer em seu coração *e* confessar com sua boca, será salvo. Há, portanto, uma confissão dos lábios. Jesus disse: "Se você me negar perante os homens, eu o negarei perante meu Pai". Se você sentir vergonha ou constrangimento de me reconhecer diante de outros, eu me envergonharei de você. São palavras muito duras.

Como disse anteriormente, eu nunca usaria a "oração do pecador". Descobri que dizer: "Ore você mesmo; crie sua própria oração – fale com ele" é muito mais eficaz, interessante e instrutivo. E se você ouvir com atenção, saberá muito mais sobre a fé da pessoa que ora e em que estágio ela está. Algumas orações são lindas – como a primeira oração feita na vida. Mas ela flui da própria pessoa: são suas próprias palavras, seus próprios pensamentos, seus próprios sentimentos. Não coloque palavras na boca de outras pessoas – pois serão palavras suas e não delas, e quando a fé se torna verbal, é muito importante que as palavras venham da pessoa que ora.

Lembro-me de um amigo a quem perguntaram: "Como você sabe que Jesus está vivo?". Imediatamente, ele respondeu: "Bem, falei com ele esta manhã". Creio que essa tenha sido a melhor resposta. Foi genuína, veio dele mesmo, em suas próprias palavras. Portanto, aconselhe as pessoas a usar a própria oração – não diga "Repita minhas palavras..." porque, ao fazê-lo, estará produzindo nada mais do que um papagaio. Desculpe-me por falar dessa forma, mas é o que penso. Em uma casa de repouso em Gales do Sul, no Reino Unido, mora uma senhora que tem um periquito cantor. Assim que os visitantes chegam à sala de espera, ouvem uma voz aguda cantando: "Quão bondoso amigo é Cristo, revelou-nos seu amor..." e quando olham, percebem que quem canta é o periquito – tantas vezes ele ouviu a senhora cantar esse hino que o sabe de cor. Posso lhe dizer que há um número enorme de periquitos na igreja – pessoas que conhecem os hinos tão bem que são capazes de cantá-los de cor. No entanto, um periquito não é um crente. O crente é alguém que – com palavras próprias – fala com Jesus e sabe que ele ouve. Essa é a terceira dimensão ou elemento da fé – *histórica*, fundamentada em fatos; *pessoal*, na confiança e na obediência – porque se você confia em alguém, fará o que ele o instrui a fazer; e terceira, *verbal*. (Você sabia que a fé era assim tão complicada?)

A quarta dimensão é a dimensão prática, porque quando você crê de fato, faz algo a respeito. Assim como o arrependimento envolve ação, a fé também é algo que você *pratica*. Não se trata apenas de aceitar a verdade do evangelho; é *agir na* verdade do evangelho. É fazer algo a respeito. Se você realmente crê em Jesus, a vida se transforma, e suas ações demonstram essa transformação.

Gostaria de mencionar aqui uma grande controvérsia que surgiu entre Paulo e Tiago. Eles *parecem* contradizer um ao outro. Paulo afirma que somos justificados pela fé e *não por obras*, enquanto Tiago diz que é possível ver que não somos justificados apenas pela fé mas também por obras. À primeira vista, parece haver uma contradição clara. Tiago, na verdade, não para por aí e afirma que a fé sem obras não pode salvar, é inútil, ineficaz. Qual é a resposta para esse aparente dilema? A resposta é que Paulo e Tiago estão usando a palavra "obras" com sentidos diferentes e não há qualquer conflito entre eles. Quando Paulo fala de "obras", ele se refere às boas obras e, certamente, não somos salvos pelas boas obras, portanto esse tipo de "obra" está fora. Quando Tiago fala sobre "obras", contudo, refere-se a atos de fé, e isso é algo completamente diferente. Demonstrar a uma pessoa que você crê e confia nela é um ato de fé. E Tiago nos dá dois exemplos extraordinários, de uma mulher e de um homem. Vamos ver o que eles fizeram. Primeiramente, vejamos o exemplo de Raabe. Era uma prostituta; morava num bordel, em uma casa que ficava adjacente às muralhas de Jericó, e podia ver os judeus acampados do outro lado do rio Jordão, prontos para invadir e tomar a cidade. Raabe ouvira sobre como os judeus haviam sido libertos do Egito e como Deus dividira as águas do mar Vermelho a fim de que pudessem atravessar em terra seca. Para ela, Deus também dividiria o Jordão para que eles pudessem atravessar em terra seca e invadir a Terra Prometida. Tanto ela acreditava nisso que escondeu das autoridades os dois espias enviados pelos israelitas para espiar a terra de Jericó e os ajudou a fugir da cidade por outro caminho. Sendo assim, eles literalmente lhe deviam a vida. Raabe estava agindo com base na fé de que Deus estava com eles. Sua fé era prática, e ela foi incluída na linhagem de Jesus. No primeiro capítulo de Mateus, lemos o nome de Raabe na árvore genealógica de Jesus. Que incrível encontrar uma prostituta entre os antepassados de Jesus! Mas seu nome está lá porque ela creu. Ela agiu em sua fé.

Sob a perspectiva humana, Abraão era uma pessoa muito melhor do que Raabe. E Deus disse a Abraão: "Quero que você sacrifique para mim o seu filho no lugar que eu lhe mostrarei". No local, havia madeira para o fogo e uma faca para imolar a vítima. Isaque ficou confuso, e Abraão precisou revelar a novidade a seu filho, aquele que era sua esperança para o futuro. Deus havia prometido muitos descendentes a Abraão. (Na verdade, Abraão teve outro filho com uma serva por sugestão de sua esposa. Isaque, contudo, era seu único filho com Sara. Na época, Abraão tinha noventa anos e sua mulher também tinha idade avançada.) Visto que Deus revelara a Abraão o que desejava fazer, Abraão estava preparado. Juntos, eles subiram o monte Moriá. Ganhei, certa vez, uma escultura feita por um judeu – era a figura de Abraão oferecendo Isaque no altar e um anjo no céu dizendo: "Pare! Não lhe faça nada! Sua obediência está sendo testada". Quando Abraão atendeu o pedido e não matou Isaque, Deus proferiu palavras extraordinárias, que sempre me impressionam: "*Agora sei* que você me teme"; o que significa, simplesmente, que, até aquele momento, Deus não sabia disso. A experiência serviu não apenas para que Abraão se certificasse a respeito de Deus mas para que Deus se certificasse a respeito de Abraão. Incrível! A fé de Abraão manifestou-se em obediência total, chegando ao ponto de sacrificar sua única esperança para o futuro – e ele estava preparado para fazer isso porque era obediente. Abraão confiava em Deus. Ele é, na minha opinião, o mais extraordinário exemplo de fé do Antigo Testamento.

Trata-se, portanto, de algo muito prático. A justificação é pela fé somente, mas não é somente pela fé. Se você *realmente* crê em alguém, demonstrará isso por meio de ações, e essa deveria ser a tradução do texto de Tiago. A fé sem *ação* é morta! Não pode salvar. Se a fé nada faz para demonstrar sua confiança no Senhor, não é fé salvadora. A única fé no Novo Testamento é a fé que *age*. A carta aos Hebreus tem um capítulo maravilhoso – o capítulo 11 – que elenca todos os heróis da fé do Antigo Testamento. O texto conta que Abel ofereceu um sacrifício para agradar a Deus. Enoque fez uma longa caminhada com Deus, tão longa que Deus lhe disse: "É melhor que você venha e passe a noite na minha companhia. Você não pode ir para casa agora". Noé construiu um grande barco – uma arca. Abraão deixou sua casa para morar em uma tenda. Isaque abençoou seu filho e Jacó abençoou seus filhos. José cuidou dos preparativos de seu próprio funeral. Os pais de Moisés o esconderam do faraó. Moisés identificou-se com escravos, fugiu do Egito e sacrificou um cordeiro da Páscoa. O povo atravessou o mar Vermelho e depois marchou ao redor de Jericó até que os muros ruíssem. Raabe – aí está ela outra vez – escondeu os espias.

O que você observa de especial em todas essas pessoas? Elas *fizeram* algo, e, ao citar todas elas, o texto bíblico diz "pela fé". Foi *pela fé* que Noé construiu a arca, *pela fé* Moisés fez isso e aquilo – *pela fé*. E assim por diante. O capítulo é exclusivamente dedicado aos heróis da fé e conta apenas o que eles fizeram, e tudo o que faziam demonstrava que acreditavam em Deus, que confiavam nele, que lhe obedeciam. Isso é tudo que Deus espera. Ele precisa apenas de pessoas que creiam nele. Na metade desse capítulo de Hebreus, há um versículo maravilhoso: "Todos estes ainda viveram pela fé, e morreram sem receber o que tinha sido prometido". Todos eles morreram crendo no que não podiam ver. Isso não é fantástico? Essa é a razão pela qual Deus os considerava heróis. Por toda a vida, eles creram em algo que jamais viveram para ver. Isso é fé! E, é claro, num sentido muito real, todos nós cremos no céu, mas não o veremos antes da nossa morte. Você precisa continuar crendo no céu até seu último fôlego, e então fará parte desse elenco de heróis. Esses, portanto, são os grandes heróis da fé.

De maneira geral, você e eu não precisamos de fé para viver. Vivemos em uma sociedade muito confortável e bem suprida – temos médicos, dentistas, supermercados. No passado, quando a vida era mais precária e nem sempre havia segurança, a fé era necessária para sobreviver – talvez até para garantir a próxima refeição. Isso não acontece conosco. Só precisamos ir ao supermercado e estocar comida. Podemos ir ao médico para uma avaliação, ao dentista para tratar dos dentes, ao advogado, ou seja, tudo o mais pode ser resolvido. Essa é uma das razões pelas quais nossa fé é fraca e pouca. Não precisamos dela, a menos que surja uma grande crise ou uma terrível catástrofe aconteça, então tentaremos ter fé. No entanto, se você não estiver vivendo pela fé todo o tempo, ela não estará fortalecida quando você precisar dela.

Há mais um ingrediente vital, a saber, o aspecto *contínuo* da fé. A fé salva apenas quando se *continua crendo*. Essa é uma parte muito importante da fé salvadora. Li um livro de um conhecido pregador de Londres, na Inglaterra, e ele afirmava que se você crer por dois minutos durante toda a sua vida, no fim chegará ao céu. Tudo o que você precisa é de fé por dois minutos. Não sei bem se isso é "bobagem" ou "blasfêmia". No Novo Testamento, a fé é algo contínuo. É *fidelidade*. No grego do Novo Testamento e no hebraico do Antigo Testamento, "fé" e "fidelidade" são a mesma palavra, têm o mesmo significado. A fé precisa ser fiel para que seja salvadora. Não funciona crer hoje e não crer amanhã. De nada lhe servirá. A fé precisa ser contínua, tanto que, na língua grega, há dois tipos de forma verbal [ou tipos de ação]. Uma delas chama-se aoristo, e seu uso indica uma ação momentânea ou pontual. A outra é o presente contínuo, que indica uma ação habitual ou contínua. Na língua portuguesa, o presente do indicativo marca um fato atual e recorrente, enquanto o pretérito perfeito marca uma ação concluída. Por exemplo, se você estivesse na rua e testemunhasse um atropelamento, e as pessoas que passassem pelo local se aproximassem e dissessem: "Ele respirou", você entenderia que a vítima respirou uma única vez; ao passo que se dissessem: "Ele respira", você entenderia que ele continua respirando. O mais usual seria dizer: "Ele está respirando!". É essa expressão que equivale ao presente contínuo na língua grega.

Infelizmente, devido a nossa pouca familiaridade com o grego, não observamos o tempo verbal e não entendemos a mensagem. Veja João 3.16, por exemplo. Todo cristão conhece esse versículo. Porém, você já observou que o verbo crer está no presente e não no passado? O versículo não diz "todo aquele que *creu* em Jesus tem a vida eterna", mas "todo aquele que crer em Jesus". Isso é extremamente importante, pois os verbos de João 3.16 [no grego] estão divididos entre verbos de ação única – quando algo acontece apenas uma vez – e verbos no presente contínuo, que indica uma ação em progresso. Vou traduzir esse versículo da forma correta e você certamente se surpreenderá. "Porque Deus tanto amou [ação única, significa que ele amou *uma* vez] quando deu [*uma* vez] o seu Filho Unigênito, para que todo aquele que nele crer (continuar crendo) não pereça (uma vez), mas continue tendo a vida eterna". Ficou diferente? Tenho certeza que sim. É uma promessa àqueles que *continuam crendo*, uma promessa de que *continuarão tendo* vida. Eu pensava que a vida eterna era um pacote concedido somente uma vez e que seria nossa para o restante da nossa existência. Não! Você tem a vida eterna somente enquanto continuar crendo em Deus. Ele é a videira verdadeira. Se você *continuar permanecendo nele, continuará a ter a vida*. Os ramos não têm vida em si mesmos, e eu sou apenas um ramo. Ele é a videira, e somente se eu permanecer nele – ele disse: "Permaneça em mim, *habite em mim*, fique em mim –, continuarei a ter vida que vem dele". É a videira que tem vida, não os ramos, e ele diz que se um ramo não produz fruto, será cortado, secará, morrerá e será lançado ao fogo. Nada pode ser mais claro do que isso.

Portanto, precisamos dessa fé contínua. Precisamos ser capazes de afirmar juntamente com Paulo: "A vida que agora vivo no corpo, vivo-a pela fé no Filho de Deus". O que o salva é uma *vida de fé*; não a fé com a qual você começa, mas aquela com a qual você termina.

Vamos concluir este capítulo com um versículo do Antigo Testamento. Habacuque é um dos meus profetas favoritos porque ousou argumentar com Deus e com ele teve uma grande discussão certa vez. Ele disse:

— Deus, veja a situação de Jerusalém. É a sua cidade e está cheia de crime, imoralidade e pecado. O que o Senhor está fazendo a respeito? Nada, está apenas permitindo que ela continue assim.

E Deus lhe disse:

— Habacuque, eu estou fazendo algo a respeito.

— O que o Senhor está fazendo?

— Estou trazendo os babilônios.

— O quê? O Senhor não pode fazer isso! É um exagero. Eles matam tudo e todos; matam até mesmo as árvores, os arbustos e os animais. Não deixam nada vivo – todos nós morreremos, até mesmo o teu povo fiel, que se encontra na cidade.

Deus respondeu:

— Não, eles não morrerão – O justo viverá pela sua fidelidade.

Talvez você esteja mais familiarizado com a versão: "O justo viverá pela fé". Essa tornou-se a "carta magna" da Reforma – o versículo favorito de Lutero. É citado três vezes no Novo Testamento. Em todas as vezes, serve para demonstrar que a fé deve ser contínua para que possa salvar. É citado no início de Romanos, em que Paulo afirma que somos salvos pela fé: "...de fé em fé, como está escrito: Mas o justo viverá pela fé". De fé em fé, ou como lemos em certa tradução: "do princípio ao fim é pela fé". E também é citado em Hebreus: "Mas o justo viverá pela fé. E, se retroceder, não me agradarei dele. Nós, porém, não somos dos que retrocedem e são destruídos; mas dos que creem e são salvos". Aqui, a palavra "fé" está sendo usada no sentido de fidelidade. Essa, portanto, é minha última palavra sobre fé. O justo viverá pela fé, o que significa que, se guardar a fé, o justo sobreviverá, não importa o que aconteça.

4

SER BATIZADO NA ÁGUA

Ao que parece, somos o único planeta que tem água, e, de fato, observando nosso planeta de determinado ponto acima do Oceano Pacífico, parece não haver nada além de água. É por isso que existe vida aqui. Água é sinônimo de vida – e especialmente no Oriente Médio, na região do relato bíblico, há muito pouco da preciosa água doce (limpa ou potável). No entanto, tornou-se parte da iniciação cristã ser mergulhado na água e dela erguido novamente. Chamamos essa prática de batismo e é sobre isso que eu gostaria de falar agora. Sem água, a vida é impossível e, às vezes, com água a vida é impossível. A água está associada à vida e à morte, e o batismo também está associado à vida e à morte. É grande a probabilidade de haver escassez de água nos próximos séculos.

A água desempenhou um papel vital na Bíblia – na vida e na morte. Pensamos em Noé e na água que destruiu toda uma geração. Noé e sete de seus familiares, no entanto, foram salvos através da água, e, no Novo Testamento, esse fato torna-se uma imagem para o batismo. Lemos também sobre Moisés conduzindo o povo na travessia do mar Vermelho, da mesma forma como, tempos depois, eles cruzariam o rio Jordão. A salvação compreendia muita água para essas situações. Então veio Jonas, que foi lançado ao oceano e, a propósito, chegou a morrer afogado. A leitura atenta do livro de Jonas mostra, no capítulo 2, que ele está orando entre os mortos; chegou às profundezas do oceano, onde afirma que algas marinhas se enrolaram em seus cabelos; e ali ficou até ser engolido por uma baleia ou um grande peixe. De uma forma ou de outra, portanto, a água desempenha muitos papéis no relato bíblico.

A água, contudo, também tem um papel importante na vida de todo cristão – ou pelo menos deveria ter. Começa com uma morte e uma vida, uma imersão na água que poderia significar a morte se a pessoa permanecesse imersa, mas que também é vida, quando ela é trazida à superfície.

Vamos começar refletindo sobre a palavra "batizar". Como muitas outras palavras da nossa língua, batizar vem do grego – *baptizein* – e tem um único significado. Significa imergir ou mergulhar um objeto em um líquido. Fato curioso é que a *British and Foreign Bible Society*[1] não tem permissão para traduzir o termo para a língua inglesa, por isso ela é sempre transliterada, ou seja, transcrita do alfabeto grego para o latino e representada foneticamente no alfabeto do português. A palavra forma um apelido que foi dado a João, primo de Jesus. Ele imergia pessoas no rio Jordão, por isso era chamado de "João, o batizador" ou João Batista. Esse é o significado da palavra "batizar": inserir um elemento sólido em um líquido.

Na língua grega, por exemplo, a palavra é usada para designar o processo de tingimento da lã, quando se coloca corante em um grande balde ou recipiente e mergulha-se por completo a lã para que toda ela seja tingida. Também é possível ler em jornais gregos que um navio foi "batizado". Nesse caso, entretanto, não se trata de uma referência ao ato de quebrar uma garrafa de vinho ou champanhe no casco do navio em seu lançamento. Esse não é o batismo de um navio e os gregos sabem perfeitamente bem disso. Na língua

---

[1] Nota do tradutor: Sociedade bíblica não denominacional cujo propósito é fazer com que a Bíblia esteja disponível em todo o mundo.

grega, um navio é "batizado" somente quando naufraga e chega ao fundo do oceano.

Espero que eu esteja conseguindo transmitir o sentido dessa palavra. Ela significa literalmente *afundar* em um líquido, ser mergulhado nele, encharcado por ele, banhado nele. João, o primo de Jesus, portanto, recebeu o apelido de "batizador" ou batista. O que muitas pessoas não sabem nem percebem é que Jesus é chamado de batista – com "b" minúsculo. Ele também é batista como seu primo; a única diferença é que João batizava na água, enquanto Jesus batiza com o Espírito Santo, mas ambos são batistas ou "batizadores", ambos mergulham, afundam, imergem pessoas, pois o termo costuma ser um verbo e não um substantivo.

Esse tornou-se o modo de iniciação para todo cristão na terra. O batismo é o terceiro passo no caminho da salvação, e trata-se de um passo vital. É parte de ser salvo; na verdade, foi Jesus quem fez essa afirmação. Ele disse que aquele que crer *e for batizado* será salvo. E Pedro, certamente, disse o mesmo: "O batismo agora também salva vocês". Por que razão, então, hoje afirmamos que o batismo não é essencial para a salvação? Provavelmente porque imaginamos uma linha vertical e não horizontal; pensamos na salvação como um limite a cruzar, não como uma estrada a trilhar – o *caminho* da salvação. Os primeiros quatro passos desse caminho são os passos que estou descrevendo: arrepender-se, crer, ser batizado e receber o Espírito Santo. São quatro passos essenciais no caminho da salvação, porém muitos cristãos sequer associam o batismo à salvação. Acredito que isso aconteça porque, para muitos, o batismo tornou-se um símbolo e não um evento no qual Deus se manifesta.

Por que Jesus ordenaria o batismo se não fosse para nosso bem, nosso auxílio e nossa salvação? Não creio que Jesus, sequer por um momento, tenha pensado: "O que posso fazer para testar a devoção de meus discípulos? Ah, já sei, talvez eles gostem de ficar encharcados diante de outras pessoas". Você acha que Jesus teria imaginado uma experiência humilhante para testar seus seguidores? Não! A maioria dos batistas que encontro pensam no batismo como um símbolo de algo que *aconteceu* ou que se espera que venha a acontecer, e não como um evento em que algo de fato acontece. E isso é muito contrário ao Novo Testamento, que não considera o batismo como um símbolo ou uma representação dramática de algo, mas um acontecimento no qual Deus faz algo pela pessoa; sendo, desse modo, parte do processo de salvação, parte da nossa preparação para o céu. Aqui, portanto, vou tratar o batismo como um evento, não como um símbolo, tampouco como um tipo de representação dramática do evangelho ou, pior ainda, como um testemunho pessoal – pois é assim também que os batistas se referem ao batismo: um testemunho para os que estão assistindo. O batismo é igualmente válido quando ninguém mais está presente além do batizador e do batizado.

Pense no eunuco etíope em Atos 8 – ninguém estava presente, mas Filipe o levou até a água, batizou-o e, em seguida, foi arrebatado pelo Espírito, e o etíope não o viu mais. O batismo, contudo, foi válido, porque o que torna um batismo válido é que o Senhor esteja presente, e o mais importante é o que *ele* realiza. Portanto, se há algo que eu gostaria que você jamais esquecesse é que o batismo *não é* um símbolo, é um evento. Ele não é importante pelo que dramatiza ou representa, que poderia ser um fato anterior ou posterior, mas pelo que acontece naquele momento.

Por que somos batizados? Essa é a pergunta crucial, que tem duas respostas. Primeira resposta: quem está sujo precisa de banho. Segunda resposta: quem está morto precisa de sepultamento. O ato de ser imerso na água reúne o banho e o sepultamento. No batismo, são realizados tanto o banho quanto o sepultamento – um ato maravilhoso de Deus acontece no batismo.

Vamos refletir sobre o primeiro. Depois de saciar a sede, o principal uso da água é na lavagem e purificação. A maior parte da água que usamos em nossas casas destina-se à limpeza, ao banho, à lavagem dos pratos, a tornar limpo o que está sujo. Batizar é remover a sujeira com água. É lavar os pecados. Quando Saulo de Tarso, na estrada de Damasco, creu em Jesus, ouviu poucos dias depois: "O que está esperando? Levante-se, seja batizado e lave os seus pecados". É inacreditável, mas muitos cristãos simplesmente não conseguem entender isso. O batismo é a forma como Deus lava nossos pecados e nos dá um novo início na vida cristã. Precisamos do batismo porque levamos vidas impuras, pecaminosas, e por isso necessitamos ser limpos, e essa é a forma graciosa pela qual Deus nos concede um novo início.

Lembro-me de quando batizei o cantor Cliff Richard. Em sua autobiografia, ele escreveu: "David Pawson me lavou, me enxaguou e me pendurou para secar, e nunca me senti tão limpo em toda a minha vida". Um testemunho simples, mas é exatamente isso que o batismo deve provocar. Deve ajudá-lo a sentir-se limpo, pois à medida que a água lava o seu corpo, Deus lava a sua consciência. Pedro afirma em sua carta: "E isso é representado pelo batismo que agora também salva vocês — não a remoção da sujeira do corpo, mas o compromisso de uma boa consciência diante de Deus".

Um homem chamado Roger me vem à lembrança. Era um talentoso engenheiro que costumava viajar por toda a Inglaterra oferecendo consultoria em engenharia. Sofrera um acidente com um torno e um pedaço de aço havia atingido seu olho esquerdo, tirando-lhe a visão, e você pode imaginar o impacto disso na vida de um engenheiro extremamente habilidoso. Com apenas um olho, no entanto, ele continuava sendo um talentoso engenheiro na mais meticulosa engenharia. Então, a visão do olho direito começou a ser afetada por ser demasiadamente exigida, e Roger, que já era crente, procurou seu oftalmologista e lhe disse que Jesus curaria seu olho. Jesus não apenas curou o olho direito, mas lhe devolveu a visão do olho esquerdo muitos anos depois do acidente. O médico disse que era um milagre, e Roger lhe pediu: "Por favor, ligue para o meu pastor e diga-lhe que é um milagre", e ele realmente ligou. O oftalmologista não era crente.

Mas o que quero lhe contar é que, antes de sua conversão, Roger tivera uma péssima conduta. Em cada cidade da Inglaterra que havia visitado como engenheiro consultor, encontrou uma mulher para levar para a cama, sendo infiel à sua esposa. Quando se converteu, não conseguia conviver com as lembranças e veio falar comigo.

— David – disse ele – sei que Deus me perdoou, mas não consigo encarar minha esposa quando nos assentamos à mesa para o café da manhã. Não consigo olhar nos olhos dela quando penso em como eu a traí em todos os lugares que fui. Eu já contei a ela e fui perdoado, mas ainda não consigo encará-la quando me lembro de como a traí.

— Você sabe do que precisa, não é, Roger? – perguntei.
— Não, do quê?
— Você precisa ser batizado – respondi.

Mostrei-lhe 1Pedro, em que lemos que não é o lavar do corpo que salva, mas sim a purificação da consciência; e quando seu corpo é imerso na água, Deus purifica a consciência. Batizei Roger e sua esposa no domingo seguinte. Jamais vou esquecer. Sua esposa entrou na água primeiro e, quando saiu, ficou aguardando, ao lado do batistério. Ao entrar na água, Roger disse:

— Senhor Jesus, purifica minha consciência.

Ele foi imerso, saiu da água, correu para sua esposa e abraçou-a, e olhou em seus olhos sem qualquer constrangimento ou vergonha. O Senhor purificou sua consciência de tudo, e dali em diante ele podia falar sobre sua traição sem qualquer constrangimento, quase como se estivesse falando sobre outra pessoa. Foi isso que o batismo fez por ele: purificou sua consciência. É isso que se destina a fazer: o batismo é um banho para lavar os que estão sujos. Sim, seus pecados são lavados no céu pelo sangue de Jesus, mas na terra eles ainda estão em sua consciência e o batismo é a forma como Deus lava sua consciência.

Perceba que há dois tipos de sujeira – a sujeira limpa e a sujeira imunda. A sujeira limpa é aquela que você adquire e pode lavar, pode remover do seu corpo. A sujeira imunda é a que está em seu coração: ela precisa ser removida, e o batismo faz isso.

Tive algumas experiências maravilhosas com o batismo e vou mencionar apenas duas delas. Certa vez, ao esvaziarmos o batistério da igreja, encontramos no fundo um cachimbo e uma bolsa para tabaco encharcados. Alguém havia removido algo de sua vida através da água. Um batismo, muito impressionante, foi realizado por um amigo em uma piscina nos fundos de uma residência em Basingstoke, no sul da Inglaterra, onde moramos hoje. Certo jovem, membro do clube de motoqueiros *Hell's Angels*, envolvido com drogas, motocicletas e tudo mais, tinha, entre outras imagens, a figura do diabo tatuada no peito. Quando se converteu, quis ser batizado, mas observou que a camisa, quando molhada, ficava transparente. E pensou: "Não posso ser batizado e deixar que vejam o diabo no meu corpo". Então, procurou um cirurgião plástico e lhe perguntou se era possível remover a tatuagem.

O cirurgião lhe disse:

— Posso removê-la de duas maneiras. Uma delas é queimando-a, mas deixará uma cicatriz. A outra é colocando sobre ela um enxerto com pele da sua coxa. Isso, no entanto, exigirá muito dinheiro e muito tempo. Não pode ser feito pelo sistema público de saúde.

O jovem disse que não tinha o dinheiro nem o tempo necessários e pediu a um amigo meu que o batizasse em uma piscina, nos fundos de uma casa. Ele entrou na água para sepultar seu passado e ser lavado de seus pecados e, quando saiu, uma das tatuagens havia desaparecido; o diabo havia saído de seu corpo. Nada além da água o havia tocado, mas a tatuagem não estava mais ali. Se você disser àquele jovem que o batismo é apenas um símbolo, ele dará risada e lhe dirá: "É mais que um símbolo para mim; foi através do batismo que o Senhor removeu o diabo do meu corpo".

Esse é pelo menos um dos sentidos do batismo. É passar por um banho que limpa a sua consciência, no início de sua vida cristã, e lhe garante para sempre que ela foi limpa. É um significado simples, mas o essencial no batismo não é o que fazemos para o Senhor, mas o que ele faz por nós, e ele nos quer purificados. Ele não quer que nada pese em sua consciência. Quer que você tenha um começo de vida purificado e renovado, e isso nos revela seu cuidado e extrema bondade. Foi por isso que ele ordenou: "Vão e façam discípulos de todas as nações, *batizando-os* ...". É a primeira coisa a se fazer pelas pessoas – lavá-las, dar-lhes um banho para que saibam o que é sentir-se limpo. É um belo presente.

Mas isso não é tudo. O batismo também é um sepultamento para os que estão mortos. Quero lhe contar uma história impressionante. Foi um amigo, um pastor batista da região norte de Londres quem a contou para mim. Na escola, quando garoto, ele e seu melhor amigo estavam sempre juntos. Porém, quando concluíram a fase escolar, perderam contato e suas vidas seguiram rumos muito diferentes. Um deles converteu-se e tornou-se um pastor batista – esse é o meu amigo, que conheci no norte de Londres. O outro, com quem ele havia perdido contato e de quem não tivera notícias, foi para a lama. Tornou-se um viciado em drogas, envolveu-se com o crime, teve problemas com a polícia e destruiu a sua vida. Quando estava no fundo do poço, contemplando a ideia do suicídio, lembrou-se de seu amigo da escola e pensou: "Se há uma pessoa neste mundo que poderia me ajudar agora é meu velho amigo". Mas ele não sabia onde o amigo estava ou como entrar em contato com ele, então procurou uma médium espírita e lhe disse:

— Preciso encontrar um velho amigo; você pode falar com algum de seus contatos do além e descobrir onde ele está?

A médium respondeu:

— Posso. Ele está morando na região norte de Londres, em uma casa verde, em frente a um parque com árvores – e descreveu a casa para ele. — Mas sinto informar que ele não mora mais ali. Na verdade, ele morreu, e posso lhe dar a data da sua morte – e assim fez.

O homem, mesmo assim, não acreditou que seu amigo estava morto e partiu em sua procura. Andou por toda a região norte de Londres até encontrar um parque com árvores e, procurando ao redor do parque, encontrou a casa verde, foi até a porta e tocou a campainha. Ao abrir a porta, o pastor batista viu seu velho amigo de escola, que lhe confessou:

— Minha vida está uma bagunça; cheguei ao fundo do poço, você pode me ajudar?

O pastor conduziu seu amigo ao Senhor, salvou sua vida e a endireitou, e, depois disso, todos estavam felizes. Então lhe perguntou:

— Como você me encontrou?

— Fui a uma médium espírita e ela descreveu sua casa, porém disse que você estava morto e até me informou a data da sua morte – respondeu o novo crente.

— Que data ela lhe deu? – insistiu o pastor.

Quando soube a data, o pastor afirmou:

— É a data em que fui batizado.

Não é interessante? O mundo espiritual tinha conhecimento dessa data. Era a data de seu funeral. Uma pessoa morta precisa ser sepultada. É a última honra que se pode conceder a alguém que morreu: tratá-lo como um ser humano. É comum que as pessoas fiquem ansiosas após um desastre natural. Querem desesperadamente os corpos de seus queridos, caso não estejam vivos. Querem o corpo para que possam tratá-lo com honra e lhe oferecer um sepultamento decente. É muito pior quando se perde uma pessoa querida e o corpo não é encontrado. O luto se agrava quando não é possível honrar os mortos com um sepultamento apropriado.

Mas quando você se torna cristão, quando se entrega a Cristo, *você* morre! Sua vida antiga está morta, e quanto antes for sepultada melhor, e é aí que entra o batismo. Você é batizado no sepultamento de Jesus e ressurge com ele para a novidade da vida. Começa a vida cristã identificando-se com Cristo ao ser sepultado e ressuscitar com ele.

Jamais esquecerei o meu próprio batismo. Foi nos montes Peninos, região centro-norte da Inglaterra, em um batistério que, provavelmente, não era usado havia anos, porque tinha muito limo. As laterais estavam completamente verdes, e quando desci na água tive uma visão de Jesus entrando no rio Jordão. As bordas verdes da piscina talvez tenham ajudado. No entanto, foi uma visão maravilhosa perceber que ele estava ali, diante de mim. Eu estava fazendo o que ele fez. Estava me identificando com ele. Tornava-me parte da sua vida, do seu sepultamento e da sua ressurreição. Entenda que ser cristão não é apenas poder afirmar "Cristo morreu por mim", mas ser capaz de dizer "Eu morri com ele; fui crucificado com ele". Não é apenas afirmar "Ele foi sepultado por mim"; mas é poder dizer "Fui sepultado com ele"; não é apenas poder declarar "Ele ressuscitou por mim", mas ser capaz de dizer "Ressuscitei com ele". A vida, para o cristão, torna-se uma questão de identificação com Cristo, pois agora não sou eu quem vive, mas "Cristo vive em mim". Tudo isso faz parte do batismo, e limitá-lo a um "testemunho encharcado" é absolutamente inadequado. O desejo de Deus é que nos beneficiemos com o batismo.

Agora, contudo, devo abordar uma ou duas questões sérias, e a mais óbvia delas é: e o batismo de bebês? Como fica a situação da maioria das pessoas na Inglaterra que foi batizada quando bebê? Aos olhos da Igreja elas são batizadas, mas pergunto se são batizadas aos olhos do Senhor. Na verdade, preciso dizer que não encontro o batismo de bebês no Novo Testamento. São apresentadas muitas razões para essa prática; nenhuma delas encontra-se na Bíblia, mas cito aqui três das principais. A primeira explicação é que se acreditava piamente que o bebê poderia ser salvo do inferno. Posteriormente, essa ideia foi amenizada, e o bebê era salvo do "limbo" – *limbus infantum* é o termo em latim–, como se houvesse no inferno um lugar não tão ruim quanto o próprio inferno, porém não tão bom como o céu, e para esse lugar iriam os bebês não batizados. São apenas conjecturas, especulações, mas é uma das razões oferecidas para o batismo de bebês.

A segunda explicação diz que, no Antigo Testamento, os bebês judeus faziam parte da nação judaica, portanto, no novo Israel ou na nova nação ou nova aliança, os bebês eram incluídos contanto que seus pais fossem cristãos. Esse permanece sendo o ensinamento oficial de muitos anglicanos evangélicos.

Mas há ainda uma terceira explicação e, segundo ela, o batismo diz respeito à "graça proveniente" de Deus – que ele nos ama antes que o amemos, que ele toma a iniciativa – o que é verdade, porém não quanto ao batismo de bebês.

Meu problema com o batismo de bebês é o fato de não se tratar de um banho nem de um sepultamento – o bebê não está sujo, nem mesmo espiritualmente, e o bebê ainda não está morto. Pessoas sujas é que precisam de banho, e são os mortos que precisam de sepultamento, e o batismo supre as duas necessidades. Assim ele é descrito no Novo Testamento, portanto sinto dizer que não consigo encontrar base bíblica que justifique o batismo de bebês, e isso significa que uma pessoa pode estar batizada aos olhos da Igreja, mas não aos olhos de Deus.

O que sugiro a essas pessoas? Bem, há 30 passagens no Novo Testamento sobre o batismo, uma para cada dia do mês, e sugiro que todos consultem cada uma dessas 30 passagens e então indaguem: "Posso aplicá-las ao meu batismo quando bebê?". Curiosamente, tenho recebido muitos pedidos de pessoas que afirmam: "Quero ser batizado *novamente*". Eu respondo: "Você não pode ser batizado novamente. É uma experiência única e se aconteceu uma vez, aconteceu". É como um casamento – você não se casa várias vezes, mas apenas recorda-se do significado do seu casamento. Todo o ensinamento sobre o batismo no Novo Testamento é retrospectivo. É entender o que o batismo significou, é perceber o que aconteceu. Portanto, se alguém me procurasse dizendo "Fui batizado como crente, na data tal, mas não entendia o que aquilo significava, ninguém me falou, ninguém me orientou por essas 30 passagens", eu diria: "Bem, não se preocupe com isso. Quando me casei, eu disse coisas que não entendia". Nem eu nem minha esposa entendíamos o verdadeiro sentido de "na saúde e na doença". Descobrimos isso depois, mas não tivemos de nos casar novamente. Dissemos apenas: "Agora entendemos". Da mesma forma, no momento do seu batismo, você não precisa saber tudo o que o batismo envolve, mas precisa reconhecer em seu batismo o que o Novo Testamento ensina que aconteceu, perceber que aconteceu, agradecer a Deus por ter acontecido e louvar a Deus por isso.

Satanás odeia o seu batismo, isso eu sei muito bem. Ele odeia o seu batismo como crente. Não o seu batismo quando bebê, esse não. Você não se lembra dele – ele não tem qualquer efeito no seu modo de viver. É isso.

***

Perguntam-me se o batismo de bebês é sempre um pecado. Costumo responder que o batismo de bebês não foi o que o Senhor desejou para nós e que realmente creio que ele se torna um pecado quando é usado para negar a alguém a experiência do batismo. É trágico pensar que, quando os muitos bebês que foram batizados crescerem, sentirem-se sujos e desejarem um banho, ou quando morrerem para sua antiga vida e precisarem de um sepultamento, eles não poderão ser batizados, pois ouvirão: "Você já foi batizado". A pergunta é: "Você foi batizado aos olhos do Senhor?". Não considero "pecado" ser induzido ao erro a esse respeito, mas quando você tem esclarecimento e descobre o que o batismo deveria significar, penso que se tornará um pecado. Centenas de pessoas no meu país simplesmente foram batizadas porque seus pais o fizeram e os pais deles também, e a Igreja assim exigia. Não pararam para indagar ou para pensar no assunto, e acho trágico que tenham sido roubados da experiência do batismo do Novo Testamento.

Minha esposa e eu fomos ambos batizados quando bebês, mas ela foi a primeira pessoa adulta que batizei. Esse batismo é o que reconhecemos. Embora eu tenha sido batizado pelo meu avô, na época eu não tinha consciência disso.

Essa é outra pergunta que me fazem. A pessoa que se converte, a pessoa que crê, mas nunca é batizada, ou, por qualquer razão, não tem a oportunidade de ser batizada, é salva?

Tínhamos um lar para idosos ao lado de nossa igreja, e certa senhora veio morar ali. A família disse que ela tinha 94 anos de idade, precisava de um lar e perguntaram se havia lugar para ela. Nós a aceitamos e, após duas semanas, ela disse:

— Esse não é um lar cristão, é?

— É sim – respondemos – a senhora gosta de estar aqui?

— Ah sim – disse ela – eu adoro, mas não achava que fosse um lar cristão.

Bem, não demorou muito para que essa senhora se convertesse e, aos 94 anos, ela decidiu que precisava ser batizada. Então marcamos seu batismo para o primeiro domingo em que fosse possível. Dois dias antes, porém, ela foi dormir e acordou no céu, e perdeu seu batismo. Não tenho dúvida alguma de que ela é salva. O Senhor conhecia seu coração e sabia do seu desejo e de sua intenção de ser batizada. É isso que Deus espera. Ele não é legalista a ponto de dizer que se você não for batizado, está fora. Meu problema não é com aqueles que morrem antes de serem batizados, mas com os que vivem e não são batizados, que chegam a uma idade avançada e nunca se batizam. Estão abrindo mão de uma ajuda vital à sua salvação, mas, veja bem, eu me refiro à salvação dos seus pecados, e, se existe uma forma de ser salvo de seus pecados, é lavando-os de sua consciência e sepultando o passado, eliminando-o. De alguma forma, o batismo serve de funeral de sua antiga vida. Marca a data em que você sepultou o que restava de seu antigo modo de viver. Tudo isso serve para afirmar que o batismo não é um ritual eclesiástico; não é um símbolo; não é uma encenação, não é um espetáculo. É um evento no qual Deus nos lava e enterra nosso passado. Aleluia por isso! Todo cristão precisa dessa ajuda, mas não precisa do batismo apenas. Veremos a seguir de que mais ele precisa.

Sugiro que você procure as 30 passagens no Novo

Testamento a respeito do batismo e descubra o que elas têm a dizer. No livro de Atos, é verdade, ocorreram dois ou três batismos em que "todos os da casa" foram batizados. Há duas afirmações a se fazer: Em primeiro lugar, "casa" não significa "família". Designa todos os que viviam sob o mesmo teto, inclusive os escravos. O carcereiro de Filipos é um exemplo. Todos os de sua casa foram batizados, mas o texto também afirma que Paulo havia pregado o evangelho a todos eles; todos creram, portanto estavam todos aptos para o batismo. Não há no Novo Testamento registro de um bebê que tenha sido batizado.

Outra pergunta me intrigou durante anos: Por que Jesus ordenou aos discípulos que batizassem em nome do Pai e do Filho e do Espírito Santo, e, no entanto, por todo o livro de Atos eles batizam em nome de Jesus? Bem, há uma discrepância aqui. Se você me permite, eu costumava usar uma fórmula que reunia tudo isso. Eu dizia: "Nós te batizamos na morte, no sepultamento e na ressurreição de Jesus Cristo, no nome do Pai, e do Filho e do Espírito Santo", e isso contentava a todos. Não creio, no entanto, que Deus ache essa fórmula muito correta.

Perguntam-me: "Se fui batizado quando bebê, posso também ser batizado como adulto, quando me tornei crente de fato?". A pergunta é: Quando você se tornou crente? Se você não era crente quando foi imerso na água ou teve um pouquinho de água aspergido sobre a cabeça, então não foi batizado. Certa vez, quando eu pregava sobre o tema, havia entre os ouvintes uma senhora que, nesse momento, exclamou: "Eu sou metodista. Comigo foi lavagem a seco". Eu lhe disse que apreciava seu senso de humor, porém não a sua teologia. Não. Se você é crente e é batizado, então o Senhor conta com o fato de que se arrependeu e creu antes do batismo.

5
RECEBER O ESPÍRITO SANTO

No Novo Testamento, temos João e Jesus, dois *batizadores* que oferecem batismos muito distintos entre si, ambos necessários ao cristão. É interessante que João tenha dito: "Eu os batizo com água, mas depois de mim vem alguém mais poderoso do que eu, que os batizará com o Espírito Santo", e esses são os dois batismos sobre os quais queremos falar. Já refletimos sobre o batismo na água. Agora falaremos sobre ser batizado com o Espírito Santo pelo próprio Jesus. Qualquer pessoa pode batizá-lo na água, até mesmo alguém que não tenha sido batizado. Foi o que aconteceu com Jesus. João Batista disse a Jesus que *ele era* quem precisava ser batizado por Jesus. Jesus, porém, respondeu: "Está tudo bem, devemos fazer o que convém, por isso preciso ser batizado" – afirmação que, a propósito, torna sem efeito a desculpa de quem diz: "Não preciso ser batizado". Se Jesus precisou ser batizado, nós também precisamos. Simples assim. A única pessoa que não tinha nada de que ser lavado era o próprio Jesus, e, mesmo assim, ele submeteu-se ao batismo.

Vimos que o verbo "batizar" significa inserir um elemento sólido em um líquido. Na Grécia antiga, o termo era usado para descrever o tingimento da lã, que era colocada em um balde com corante, ou o ato de mergulhar um copo em um recipiente com ponche – mergulha-se todo o copo e ele fica cheio. Também era usado para referir-se a um navio naufragado, no fundo do oceano. Hoje, quando ouvimos sobre o batismo de um navio, pensamos em uma garrafa de champanhe sendo quebrada em seu casco, pedindo a bênção de Deus sobre todos os que nele navegarem, porém, na língua grega, o termo significa estar imerso lá no fundo.

Era um apelido atribuído a João e que ele mesmo usou para Jesus. Foi João, contudo, quem disse: "Virá alguém depois de mim que o imergirá no Espírito Santo, que o mergulhará e o encharcará no Espírito Santo"; e há menção a isso no início de cada um dos quatro Evangelhos. Encontramos também no início de Atos, em Coríntios e em outras passagens.

O batismo consiste em dois atos: entrar e sair (dentro e fora). Você entra na água e sai da água, e na língua grega há duas palavrinhas que se aplicam a todo batismo. Uma delas é "en", que expressa o ato de entrar, e a outra é "ex", que expressa o ato de sair. É curioso também que em João 3.5, quando apresenta a sua teologia a Nicodemos, Jesus usa o termo "sair" e, diante da perplexidade de Nicodemos com o significado do novo nascimento, afirma que nascer de novo é *sair* da água e do Espírito. Creio que isso não fique claro na tradução, mas Jesus usou o termo "ex" ("sair") referindo-se ao nascer da água e do Espírito, o que significa que a pessoa primeiramente foi imersa na água e no Espírito. Creio que a frase "nascer da água e do Espírito" seja uma referência aos dois batismos necessários a todo cristão e que vêm de João e de Jesus.

Então aqui vai uma pequena dica. Talvez você esteja confuso com a frase "nascer da água". Bem, eu penso que o texto se refira à água mesmo, simplesmente, e seja uma referência ao batismo na água, assim como "nascer do Espírito" é uma referência ao batismo com o Espírito. Um refere-se ao meio no qual você é batizado e o outro refere-se à ressurreição posterior necessária. Portanto, há um entrar e um sair no batismo, e fica bastante óbvio no texto em grego que Jesus afirma que o batismo é *sair* da água e do Espírito, e isso é nascer de novo. Talvez seja novidade para você.

A frase "batizado com o Espírito Santo" foi dita por João, e com essa frase ele está traçando um paralelo entre o seu próprio batismo – entrar e sair da água – e o batismo com o Espírito – ser mergulhado no Espírito. Trata-se, obviamente, de uma experiência completa. Quando estudamos a linguagem usada em referência ao batismo com o Espírito, aprendemos muito mais. É um vocabulário extremamente rico. Por ser uma experiência preciosa, são usadas muitas palavras diferentes – verbos e substantivos. Vamos examinar alguns deles.

Primeiramente, muitas palavras que remetem ao estado líquido são usadas em referência ao Espírito Santo: ele é "água viva", é "derramado" sobre nós e, paralelamente, palavras semelhantes são usadas a respeito do batismo com o Espírito Santo. Também são usadas expressões como "cair sobre" ou "descer sobre" – indicando a vinda e a descida do Espírito sobre as pessoas. Em seguida, há palavras como "cheios de", usadas como uma alternativa para o batismo com o Espírito Santo: foram cheios do Espírito Santo.

Deus nos criou com uma válvula de escape. Para saber onde ela se localiza, toque a ponta do nariz e desça alguns centímetros. Ali está a sua válvula. Por ali transbordará aquilo de que estiver cheio o seu coração. É assim que você sabe se o tanque de gasolina do seu carro está cheio. Hoje, a bomba trava automaticamente, mas lembro-me de quando sabíamos que o tanque estava cheio somente quando a gasolina jorrava de dentro dele. Conhecemos o que domina o coração de uma pessoa pelo que sai de sua boca. Quando a pessoa é divertida e bem-humorada, ela ri. Se está tomada pelo medo, ela chora. Caso esteja cheia de ira, ela grita. Aquilo de que estiver cheio o coração transborda pela boca – disse Jesus. Se o coração está cheio de coisas sujas, cedo ou tarde elas fluirão pela boca. Quando o coração está cheio do Espírito Santo, algo transbordará pela boca. É o que costuma acontecer no Novo Testamento. Quando as pessoas eram batizadas com o Espírito Santo, algo fluía de sua boca. Não era sempre a mesma coisa. *Geralmente*, era uma língua totalmente diferente.

Deus conhece pelo menos 1.600 línguas, número que corresponde às línguas existentes na terra. Ele pode falar e entender todas elas. Portanto, quando você é cheio com o Espírito Santo, é possível que uma língua que você jamais ouviu transborde de sua boca. É por isso que o dom de línguas é mencionado com tanta frequência como prova de ser cheio do Espírito de Deus, e o fato de você ser capaz de falar uma língua que Deus conhece não deveria surpreender. Quando Deus o tem por inteiro, especialmente sua língua, você pode esperar que ele prove isso, concedendo-lhe uma das outras línguas que ele conhece. Será, no entanto, uma língua real e não apenas barulho.

Conheço um pregador que ensina as pessoas a dizer "banana" ao contrário, e quando elas obedecem, ele lhes diz: "Agora você falou em línguas". Na verdade, isso é bobagem. Mas ele está prestando um serviço, como mostrarei adiante. O modo de pensar dos britânicos pode ser uma barreira para que eles sejam batizados com o Espírito Santo. Eles não apreciam a ideia de falar quando não sabem o que estão dizendo, por isso se contêm. Muitas pessoas que falam em línguas, ou em uma das línguas de Deus, duvidam que se trate de um idioma.

Passei algum tempo em Hong Kong, na companhia de Jackie Pullinger. Ficamos na cidade murada, um lugar horrível, cheio de ratos, ladrões e enfermidades de todo tipo, o pedacinho de Hong Kong que não era resguardado pela lei, portanto aquele lugar medonho era onde residiam os criminosos. Bem no centro da cidade, em uma sala alugada, Jackie Pullinger ganhava pessoas para Cristo. Foi o pior lugar em que já estive. Mas ela me contou que orou para ser batizada com o Espírito Santo e, ao abrir a boca, começou a falar uma língua que não acreditava que existisse. Soava como um balbucio, então ela fez algo muito inteligente e útil. Decidiu usar essa língua por 15 minutos durante um mês, e se nada mudasse depois desse período, ela desistiria. No espaço de um mês, contudo, Jackie viu milagres e acontecimentos que ela jamais havia percebido. Ela entendeu que se tratava realmente de uma língua.

Um amigo de Los Angeles, nos Estados Unidos, pastor de uma igreja pentecostal, tinha o dom de línguas e o usava com frequência. Reunia-se uma vez por mês com pastores, ministros e líderes eclesiásticos da região, e todos sabiam desse seu dom incomum e ficavam perplexos. Por isso, pediram-lhe que escrevesse e apresentasse aos ministros um estudo sobre o tema. É isso que eles adoram fazer: ouvir a leitura do que está escrito em estudos. Não traz benefício algum, mas eles gostam. Então meu amigo (Ralph) preparou um estudo, mas antes que chegasse o dia de apresentá-lo, um ministro metodista que morava na região tocou a campainha de sua casa. Ralph o convidou a entrar e perguntou:

— Como posso ajudá-lo?

— Quero esse dom que você tem; quero o dom de uma nova língua para usar na oração e no louvor – respondeu o ministro metodista.

— Bem, então ajoelhe-se – instruiu Ralph.

O ministro ajoelhou-se no tapete, e Ralph lhe impôs as mãos e orou para que ele tivesse o dom de uma nova língua. E, quando o ministro metodista abriu a boca, disse:

— Abbi dabbi, abbi dabbi.

Ralph não achou que fosse uma língua muito especial e disse:

— Continue descansando no Senhor e eu continuarei orando.

Mas seu visitante repetiu:

— Abbi dabbi, abbi dabbi – e não disse nada mais.

Ralph simplesmente não acreditava que aquele homem tivesse recebido o dom de uma nova língua. O ministro metodista soube que Ralph apresentaria um estudo sobre línguas na reunião com ministros e disse que gostaria de estar presente. "Socorro!", pensou Ralph, "se esse homem abrir a boca e falar 'abbi dabbi...'". Àquela altura, esse se tornara o apelido do ministro metodista. Todos diziam: "Lá vai abbi dabbi descendo a rua", e temendo que o ministro falasse diante de outros pastores, Ralph lhe disse:

— Veja bem, eles pediram que eu apresentasse um estudo, então, por favor, sente-se ao fundo e ore por mim. Pode deixar que eu falo.

No dia da apresentação, Ralph se estendeu por uma hora, mas, assim que concluiu, o ministro metodista levantou-se e disse:

— Irmãos, Deus me deu esse lindo dom e ordenou que eu o colocasse em prática agora para que vocês saibam como é – e continuou:

— Abbi dabbi, abbi dabbi, abbi dabbi.

Houve um longo silêncio e Ralph mal podia esperar para ir embora. Saiu do local o mais rápido que conseguiu e foi para casa. Na manhã seguinte, um bispo (anglicano) bateu à porta da casa de Ralph e lhe disse:

— Ralph, posso falar com você?

— Sim, entre – disse Ralph – sobre o que gostaria de falar?

— Quero aquele dom sobre o qual você falou ontem – pediu o bispo.

— Estou surpreso – respondeu Ralph – depois daquele repente do ministro metodista, você ainda está interessado?

— Ah, mas não é por sua causa que estou aqui, e sim por

causa dele – explicou o bispo.
— Por causa dele? O que há de especial naquilo? – perguntou Ralph.
— Veja – disse ele – aquele homem tem cinco doutorados. Tem uma mente brilhante. Poderia se sair melhor se estivesse inventando. É por causa dele que quero o dom.
E Ralph orou pelo bispo.
Meses depois, Ralph estava na África, em uma pequena aldeia no coração da selva. Enquanto caminhava pela aldeia, ouviu uma voz atrás dele dizendo:
— Abbi dabbi, abbi dabbi.
E seu primeiro pensamento foi:
— O que será que aquele ministro metodista de Los Angeles veio fazer no meio da África?
E quando se virou, viu o rosto de um africano idoso. O Senhor repreendeu Ralph dizendo:
— Você não acreditou que essa fosse uma língua, agora sabe que é.
E Ralph indagou:
— Por que o Senhor lhe deu apenas duas palavras?
E o Senhor lhe respondeu:
— Ele é tão inteligente que tive de torná-lo como uma criança, e ele teve pureza infantil suficiente para afirmar que essa língua é minha.
Ralph ficou ansioso para voltar para casa, e assim que chegou a Los Angeles, procurou imediatamente o ministro metodista.
— Irmão, por favor me perdoe – disse ele – nunca acreditei que você tivesse o dom de línguas, mas, lá no meio da África, o Senhor me repreendeu e vim lhe pedir perdão.
Portanto, é possível que surjam dúvidas a respeito da língua, pois quando você se vê falando em uma língua que não conhece, seu cérebro, obviamente lhe dirá: "Mas o que você está falando?". Essa, no entanto, pode ser uma

língua. A diferença entre uma língua e uma série de sons inarticulados é que a língua tem estrutura, sintaxe e é construída conforme um padrão. Conheço uma pessoa que gravou várias línguas que havia ouvido e as submeteu a um linguista com a pergunta: "São todas línguas de fato?". Após analisá-las, o linguista disse: "Nem todas são línguas genuínas, mas algumas delas são e posso lhe dizer quais delas são verdadeiras".

"Ser cheio com" é uma maneira muito comum de referir-se ao batismo com o Espírito, pois é o que de fato acontece. Você é cheio a ponto de transbordar. Lembro-me de conversar com um missionário em Brasília, capital do Brasil, durante um piquenique em um parque público, com muitas famílias à nossa volta, todas fazendo piquenique também. Eu estava conversando com esse missionário britânico, um homem reservado e controlado – de boa formação. Ele havia dedicado a vida à obra missionária no Brasil e me confessou:

— David, desejo ser cheio com o Espírito Santo. Dediquei ao Senhor todos os dons naturais que tenho, eu o sirvo fielmente há anos, mas não tenho qualquer poder sobrenatural.

Conversamos por algum tempo e então eu lhe disse:
— Você permitiria que eu impusesse as mãos sobre você e orasse?

Ele permitiu, e assim que impus as mãos e orei, esse inglês reservado exclamou:
— Aleluia!

Sua voz ressoou por todo o parque; todos se voltaram e olharam para nós. Procurei disfarçar, me distanciar dele, mas não teve jeito, eu tive de reconhecer. Sabia que no período de 24 horas ele curou dois enfermos? Com apenas uma palavra. Ninguém lhe falara sobre isso; ele havia dedicado todos os seus dons naturais ao Senhor e feito o melhor para servi-lo, havia sido consciencioso, mas não tinha o poder e sabia disso. No entanto, ele não falou em línguas, apenas louvou o Senhor. Eu lhe disse:

— Você nunca havia feito isso em público, não é?

— De jeito nenhum – ele respondeu – Sou inglês, jamais sonharia em fazer algo assim.

Mas ele foi tomado pelo louvor ao Senhor. Portanto, "ficar cheio do" é algo comum.

A única diferença entre ser "batizado com o Espírito Santo" e "encher-se do Espírito Santo" é que o "encher-se" é algo que se repete na Bíblia. Seu batismo com o Espírito jamais se repete, é uma iniciação, uma introdução ao Espírito. Mas, em Atos 2 e 4, eles ficaram cheios novamente; e, em Efésios 5.18, Paulo instrui: "Enchei-vos do Espírito". Curiosamente, ele afirma que quando você fica cheio do Espírito, irromperá em cânticos e cantará para outros crentes. "Encher-se" do Espírito, portanto, é algo que se repete. O verbo "ser batizado" não se repete; é guardado para o primeiro passo – a iniciação.

Há, porém, um verbo que todos eles usavam em referência a esse evento: "receber". Sempre que um apóstolo do Novo Testamento menciona o verbo "receber", está se referindo a seu batismo com o Espírito Santo e, acima de tudo, ao Pentecoste, quando 120 pessoas *receberam* o Espírito Santo – inclusive Maria, a mãe de Jesus. Ela encontrava-se entre aqueles que estavam orando no período entre a ressurreição e o Pentecoste. Por isso, quando prego a católicos-romanos, gosto de lhes dizer que Maria era carismática e que falava em línguas. Jamais ouvi essa afirmação de outro pregador, mas é algo que causa muita surpresa.

Quando falo aos galeses, gosto de lhes contar sobre São Davi e seu batismo no Espírito Santo. Em 1º de março, dia de São Davi, ou Davi de Menévia, a data mais importante para os galeses, deve-se usar um narciso ou um alho-poró sobre a roupa. São Davi foi um bispo do País de Gales; foi para a Irlanda como escravo, ainda menino, e retornou ao País de Gales para tornar-se bispo. E quando foi ordenado bispo, revelou o desejo de ser cheio com o Espírito Santo. Ele queria ser batizado no Espírito Santo e, com esse intuito, partiu em peregrinação a Jerusalém na companhia de outros monges. Naquela época, era necessário caminhar até Jerusalém – os voos de 4 horas não existiam – e, durante semanas, eles caminharam. Chegaram até Lyon, na região central da França, na época chamada Gália, e os monges mantinham um diário, que eu tive a oportunidade de ler. Ele diz: "O santo padre Davi chegou à Gália, e ali o santo padre Davi foi batizado no Espírito Santo, como nos dias dos apóstolos, e falou em outras línguas, como nos dias dos apóstolos". Gosto de contar esse fato aos galeses, pois eles não fazem ideia de que, São Davi, o bispo do País de Gales, era pentecostal; no mínimo, ele tinha conhecimento do que aconteceu no Pentecoste. Vamos prosseguir. A palavra "receba".

Os apóstolos usavam essa palavra quando questionavam pessoas, testando-as. Por exemplo, quando Paulo veio a Éfeso, encontrou um grupo de discípulos. Eram chamados discípulos, embora tivessem apenas iniciado o discipulado. Paulo ficou perplexo, pois algo lhes faltava, então perguntou: "Vocês receberam o Espírito Santo quando creram?". Há várias implicações nessa pergunta. Quando você crê, *pode* receber o Espírito Santo ou pode não receber, e quero frisar fortemente esse ponto. Você pode crer em Jesus e *não receber* o Espírito Santo, e essa é uma condição de carência; Paulo havia notado que algo lhes faltava. Eles falavam sobre a Bíblia – as Escrituras –, haviam sido batizados, embora somente com o batismo de João, mas algo lhes faltava e Paulo sabia que era o Espírito Santo. Então lhes perguntou se haviam recebido o Espírito "desde que creram", como vemos em algumas traduções. Não faz diferença. "Vocês receberam o Espírito Santo quando creram ou desde que creram?". A pergunta que Paulo lhes faz é muito importante. William Barclay, um estudioso do Novo Testamento, afirmou que essa pergunta deveria ser feita a todos os membros da igreja, pois é possível crer sem receber. Alguns ficam chocados. No entanto, eles não foram os únicos. Lemos em Atos 8 que Filipe foi a Samaria para pregar o evangelho e obteve muito êxito. Todos se arrependeram, creram, foram batizados, *mas* – e esse é um grande "mas" – não receberam o Espírito Santo. Pedro e João, então, vieram apressadamente de Jerusalém para corrigir essa falha e, como era de se esperar, quando impuseram as mãos e oraram por eles, eles receberam o Espírito. Agora faça a si mesmo duas perguntas muito importantes. Primeira pergunta: Como os apóstolos sabiam que eles não haviam recebido? Algo indicava claramente que isso não havia acontecido, e Filipe percebeu e o relatou aos apóstolos em Jerusalém. Mas quando pensamos no que aconteceu em Samaria, consideramos ter sido uma cruzada bem-sucedida, certo? Toda a cidade de Samaria arrependeu-se, todos creram no evangelho, todos foram batizados, e o texto diz que a cidade se encheu de alegria. Se isso acontecesse em uma Cruzada Billy Graham, todos diriam que a cruzada foi um sucesso. No entanto, não foi o que disseram naquela ocasião, pois notaram que aquelas pessoas não haviam *recebido* o Espírito. O que eles esperavam ver?

E a segunda pergunta que você deve fazer a respeito desse evento é esta: Como saber se alguém de fato recebeu o Espírito? Porque todos eles sabiam, sem dúvida alguma, que um deles, um ilusionista, um mágico profissional chamado Simão, havia dito: "Eu gostaria de ter esse poder; gostaria de fazer o mesmo com outras pessoas", e ofereceu dinheiro a Pedro pelo "truque" e Pedro lhe disse [paráfrase]: "Danese o seu dinheiro; você precisa se arrepender". Pois não se pode comprar o que é espiritual; não é possível adquiri-lo com dinheiro.

Essas, portanto, são perguntas importantes. Como saber se alguém recebeu ou não recebeu o Espírito? Falando claramente: ser batizado com o Espírito é um evento tão definitivo que você não será o único a reconhecê-lo, todos reconhecerão. Isso me parece extremamente claro. Surge, porém, uma pergunta. Se alguém se arrependeu, creu, foi batizado e ainda não recebeu o Espírito, que tipo de relacionamento tem com ele? Certamente o Espírito Santo o ajudou a arrepender-se e a crer. Minha reposta a essa pergunta é que, para os primeiros discípulos, o Pentecoste representou uma mudança no relacionamento com o Espírito Santo. Ela ocorreu quando Jesus afirmou: "Ele esteve *com* vocês, e estará *em* vocês". Essa mudança de preposição mostra uma diferença importante.

Eu já era ministro do evangelho quando fui batizado com o Espírito Santo. Pregava e o Senhor abençoava e me usava. Fiquei conhecido como professor da Bíblia, mas não conhecia o Espírito Santo e, portanto, o domingo de Pentecoste era particularmente muito difícil, pois eu precisava preparar não apenas um, mas dois sermões sobre o Espírito Santo. Eu tinha pavor do domingo de Pentecoste, mas os muitos livros sobre o Espírito Santo que tenho em minha biblioteca me auxiliavam na preparação dos sermões, e muito me alegrava retornar ao evangelho na semana seguinte e voltar a pregar sobre o Pai e o Filho. Isso revela como *eu* estava. Eu era incapaz de ajudar as pessoas a conhecer a terceira pessoa da trindade.

Vou continuar meu testemunho porque ele é importante para mim e pode ajudar outras pessoas. Preguei fielmente sobre o Espírito Santo uma vez por ano, todo domingo de Pentecoste, porque era obrigado a fazê-lo, e, depois de pregar, felizmente, ficava livre por mais um ano. Eu pensava:

"Isso é desonesto; como é que eu, um pregador da Palavra de Deus, posso evitar dessa forma o Espírito Santo?". Desde então, tenho visto outros ministérios que fazem o mesmo, e me incomoda quando isso acontece, pois sei que não vamos lidar com o Espírito Santo no domingo de Pentecoste, o que é uma tragédia.

Então tomei uma decisão. Decidi pregar sobre toda a Bíblia, inclusive os textos sobre o Espírito Santo e, assim, forçar a mim mesmo a encarar toda a verdade sobre a terceira pessoa da trindade. Comecei a série no início do Antigo Testamento – "O Espírito de Deus se movia sobre as águas", propiciando o surgimento de terra seca durante a criação. Fui adiante e encontrei pessoas como Sansão. Tremendamente forte? Não, ele não era forte; era fraco como um gatinho. Foi somente quando o Espírito veio sobre ele que sua força o levou a fazer coisas notáveis. Há outros exemplos: descobri que, no Antigo Testamento, todos aqueles que tiveram palavras, atos e conduta especiais, o fizeram graças ao Espírito Santo, e produzi alguns bons sermões sobre o Espírito no Antigo Testamento. No entanto, eu me aproximava cada vez mais de Atos 2 e pensava: "O que vou dizer sobre esse texto?". A ideia me apavorava. Na verdade, depois de ter iniciado uma série de vinte sermões, cogitei a ideia de parar antes do fim.

Um fato aconteceu antes que eu chegasse a Atos 2. Havia na igreja um homem chamado Jimmy, que se considerava o líder da oposição. Entendem o que quero dizer? Creio que a maioria das igrejas tenha uma pessoa desse tipo, alguém que acredita que seu chamado é corrigir o pastor e colocá-lo no rumo certo. Jimmy tinha uma mente brilhante. Era encarregado de um escritório de patentes em Londres. Eu costumava retornar das reuniões dizendo: "Ah, o Jimmy... outra vez". E minha esposa aconselhava: "Os outros membros da igreja estão do seu lado; não se preocupe com a única pessoa que se opõe a tudo que você sugere". Jimmy tinha duas razões para se opor a qualquer uma das minhas sugestões. A primeira delas era: "Nunca fizemos isso, não vamos tentar agora"; e a segunda: "Já fizemos e não funcionou". Essas duas afirmações, portanto, anulavam qualquer nova sugestão.

Mas Jimmy, ocasionalmente, me dava certo sossego, poupando-me de sua presença. Uma vez por ano, ele desenvolvia uma rinite que se transformava em congestão pulmonar, que podia deixá-lo acamado por até seis semanas, e eu tinha algum sossego durante essas semanas. Sem ele, as reuniões fluíam mais facilmente. Quando cheguei ao Evangelho de Mateus em minha série sobre o Espírito Santo, Jimmy ficou de cama por algumas semanas e seus pulmões se encheram de líquido, deixando-o pálido e sem forças. "Preciso vê-lo", pensei. Quando fui visitá-lo, no entanto, não tinha intenção de fazer nada além de lhe contar as novidades e orar com ele ou, quem sabe, ler uma passagem da Bíblia. Naquela tarde de domingo, porém, durante todo o caminho, ouvi insistentemente na minha mente: "James 5, James 5".[2] Pensei: "Tudo bem, o James é ele, mas o que significa o número 5?".

Então me lembrei do que está registrado em Tiago 5: "Entre vocês há alguém que está doente? Que ele mande chamar os presbíteros da igreja, para que estes orem sobre ele...e a fé curará o doente". Assim que cheguei ao quarto onde Jimmy estava deitado de costas, sem travesseiro, ele me perguntou:

— O que você acha de Tiago 5?
— Na verdade, tenho pensado a respeito – respondi.
— Você faria isso por mim? – ele perguntou.

Era algo que eu nunca havia feito antes. Perguntei por

---

[2] Tiago é a versão em português do nome James (a forma diminutiva é Jim ou Jimmy).

quê, e ele explicou:

— Preciso viajar para a Suíça na quinta-feira, tenho negócios muito importantes, mas o médico disse que ficarei de cama por, no mínimo, três semanas. Você me ungiria com óleo?

— Vou orar a respeito – respondi – uma boa escapatória. Saí naquela tarde de domingo e, de fato, orei a respeito, mas minha oração não chegava ao céu. O céu parecia feito de bronze.

Na quarta-feira, a esposa de Jimmy me telefonou e perguntou se eu ungiria seu marido.

Muito relutante, concordei que o visitaria naquela noite e levaria comigo alguns líderes da igreja. Naquela tarde, portanto, comprei um frasco de azeite e, por volta das 16 horas, fui à igreja e me ajoelhei no púlpito onde costumava pregar – mas não sei por que fui até lá. Tentei orar pelo Jimmy. Já tentou orar por alguém que você se alegra por estar enfermo? Não é fácil saber o que dizer, e, na verdade, eu não sabia como orar por ele, mas, de repente, comecei a derramar minha alma em oração pelo Jimmy, pedindo de fato por ele e desejando-lhe o melhor, porém não falava na minha língua. Até onde sei, soava chinês ou algo semelhante, e lembro que consultei o relógio assim que terminei e me assustei:

— Orei por ele durante uma hora?

Indaguei a mim mesmo se conseguiria repetir o feito. Comecei a orar novamente, dessa vez em uma língua semelhante ao russo. Pensei: "O que vai acontecer esta noite quando formos à casa do Jimmy?".

Naquela noite, na companhia dos líderes e munido de meu frasco de azeite, fui à casa de Jimmy, e lá estava ele deitado, respirando com muita dificuldade. Abrimos a Bíblia em Tiago 5 e usamos o texto como um manual de instruções. O texto dizia: "A primeira coisa a fazer é confessar os pecados

uns aos outros". Voltei-me para Jimmy e lhe disse:
— Jimmy, nunca gostei de você.
— Isso é mútuo – ele respondeu.
Acertamos isso e algumas outras coisas também, e então declarei:
— Certo, aqui diz que agora devemos ungi-lo.
Removi a rolha do frasco e derramei o azeite sobre sua cabeça. Sabe o que aconteceu? Absolutamente nada! Então comecei:
— Bem, Jimmy, fizemos tudo que diz o Livro, e não consigo pensar em mais nada – então levantei-me e, literalmente, fugi em direção à porta. Ali na porta, apenas voltei-me para Jimmy e perguntei:
— Você ainda tem sua passagem para amanhã?
— Sim, é claro – ele respondeu.
— Venho buscá-lo para levá-lo ao aeroporto – e saí.
Mal consegui dormir naquela noite e não ousei entrar em contato com ele pela manhã. Eu não conseguiria encará-lo. Pensei: "Ele já era difícil antes, agora será terrível. Não serei nada aos olhos dele".
Às 10 horas da manhã, Jimmy me ligou dizendo:
— Você pode me levar ao aeroporto?
— Jimmy! Você está bem? – perguntei.
— Sim.
— O médico o liberou para ir?
— Sim – disse ele – estou bem para viajar. Já fui cortar o cabelo e o barbeiro o lavou primeiro. Disse que nunca tinha visto um cabelo tão oleoso.
— O que aconteceu? – perguntei.
— No meio da noite, senti como se duas mãos enormes pressionassem meu peito e expeli uma grande quantidade de líquido. Meus pulmões se esvaziaram e consegui respirar.
Então levei Jimmy ao aeroporto.
O resultado disso? Em primeiro lugar, ele se tornou

meu melhor amigo e meu maior apoiador; segundo, ele e sua esposa foram batizados com o Espírito Santo; terceiro, Jimmy nunca mais sofreu com esse problema de saúde que o havia atormentado desde a infância. Agora, se você me disser que isso é obra do diabo, eu não vou acreditar. É obra de Deus, seguramente. Jimmy tornou-se secretário da igreja, e quando chegou o momento da minha partida de Chalfont St. Peter, com destino a Guildford, ele foi a primeira pessoa que procurei para contar.

Bem, foi isso que aconteceu. No domingo seguinte, eu ainda estava em Mateus, pregando sobre o Espírito Santo, e só cheguei a Atos 2 no outro domingo, mas agora sabia o que dizer. Hoje, sei o que aconteceu naquela passagem e posso falar com conhecimento de causa. No domingo seguinte, contudo, preguei sobre um texto em Mateus, com base nas notas que havia preparado ao longo dos meses, e um jovem carpinteiro chamado Ken me procurou após o culto e perguntou:

— O que aconteceu com você durante esta semana?
— Como assim, o que aconteceu? – indaguei.
— Você está diferente – ele afirmou.
— Diferente como?
— Hoje você sabe do que está falando – ele afirmou.

Eu não havia falado nada em especial. Não havia mencionado o que acontecera naquela semana. Mesmo assim, esse foi o veredito daquele jovem a respeito do meu ministério: "Agora você sabe do que está falando". Algo terrível de se dizer, mas era verdade.

Foi o início de algumas experiências extraordinárias. Não tenho uma longa lista de milagres, mas algumas coisas passaram a acontecer. Comecei a receber palavras proféticas para algumas pessoas, comecei a crer em curas, comecei a fazer todo tipo de coisa, até mesmo desenvolver um interesse genuíno por Israel. O Espírito Santo me ensinou a respeito de Israel, e se você conhece meu ministério, sabe que falo com frequência sobre o povo escolhido de Deus e sobre o futuro desse povo segundo o plano de Deus. Esse, portanto, é apenas um breve testemunho.

Certa vez, eu estava pregando em Colston Hall Bristol, na época o maior auditório público de Bristol, Inglaterra, e pediram-me que falasse a respeito do Espírito Santo. Havia uma senhora sentada na primeira fileira, e eu disse:

— O Senhor pode enchê-lo com o seu Espírito a qualquer momento. Você precisa pedir; eu não posso fazê-lo por você, ele pode.

Subitamente, essa amável dona de casa exclamou, em voz alta, algo em louvor a Deus, porém não falou em inglês. Era uma simples dona de casa da Inglaterra, mas um paquistanês que estava próximo levantou-se num salto, dirigiu-se até ela e afirmou:

— Você está falando na minha língua.

Ela olhou para ele com uma expressão confusa. Ele continuou:

— Você está falando urdu. É a língua que aprendi quando criança.

Isso aconteceu no meio do meu sermão em Colston Hall, Bristol.

Lembro-me de ouvir um homem em Guildford, Inglaterra, que louvou Adonai – Senhor – com uma frase em perfeito hebraico. Eu o conhecia, era um simples trabalhador, sem nenhum conhecimento da língua hebraica. Fiquei emocionado quando um missionário me contou que africanos, no meio da selva, louvavam a Deus em inglês perfeito.

Precisamos estar preparados. Pode ser uma manifestação de louvor. Pode ser uma manifestação de profecia, que é mencionada na Bíblia. Pode ser um simples brado de "Aleluia". Mas é prova de que o Espírito Santo está presente.

Muitos me fazem perguntas que começam com as palavras "Em que ponto" – Em que ponto você tem certeza de sua salvação? Em que ponto você se torna cristão? Tenho dificuldade com pessoas que buscam um ponto, um momento. A verdade é que você não pode ter certeza de sua salvação até que seja cheio com o Espírito Santo. É a forma como Deus confirma que você é filho dele. É o "culto de confirmação". Como você sabe que se arrependeu o suficiente? Como você sabe se creu o bastante? Como você sabe se foi propriamente batizado? Quando Deus confirma, e essa é a confirmação de Deus. Você não pode ter plena certeza de que foi aceito por ele até que ele lhe conceda o seu Espírito, derrame-o sobre você, e então você saberá, não terá dúvida.

Acabo de dar uma ideia do significado de um evento maravilhoso: o batismo com o Espírito, que é seu em Cristo.

6

TEOLOGIA

Todos têm uma teologia. Teologia é o que você pensa a respeito de Deus, e por trás de tudo o que examinamos até agora há questões teológicas – duas em especial. A primeira delas é a questão da responsabilidade. Quem é responsável pela concretização desses quatro passos? Ou, sob outra perspectiva, a quem devemos culpar se eles não acontecem? Três correntes teológicas surgiram ao longo dos últimos dois mil anos da história da Igreja, e cada uma delas tem respostas diferentes a essas perguntas.

Em primeiro lugar, há aqueles que creem que Deus, e ele somente, é responsável por todos os quatro passos e deve ser culpado caso eles não se concretizem. A segunda corrente diz: "Não, o *homem* é responsável, e devemos culpar os seres humanos quando esses passos não acontecem". A terceira corrente, na qual me incluo, afirma que tanto Deus quanto o homem são responsáveis pelo ingresso das pessoas no reino.

Quero explicar as três linhas e citar alguns dos nomes dos responsáveis por introduzir essas diferentes visões na Igreja ao longo da história. Para começar, existem aqueles que creem que Deus é responsável por tudo, ele nos escolhe e depois nos direciona ao arrependimento e à fé, e todo o processo, do começo ao fim, depende exclusivamente de Deus. Essa corrente defende a "soberana vontade de Deus" – ele é Todo-Poderoso, controla todas as coisas e, portanto, deve fazer com que esses quatro passos sejam dados. É dele toda a responsabilidade.

Vou lhe dizer agora alguns dos nomes daqueles que defenderam essa visão. O primeiro nome que gostaria de mencionar é Agostinho, que viveu no século IV. Ele influenciou tanto protestantes quanto católicos. O segundo nome é Martinho Lutero, que também defendia esse ponto de vista. O terceiro é Calvino, e o quarto nome é Theodore Beza, sucessor de Calvino em Genebra, que, embora seja menos conhecido, é o principal responsável por essa visão. Esses quatro homens fizeram com que essa ideia criasse raízes profundas na Igreja e fosse aceita por todos os que se autodenominam teólogos reformados. Foi Beza, por fim, quem a solidificou. Fato curioso é que Martinho Lutero era calvinista, porém Calvino, não! É algo bastante confuso. Beza é quem deve ser responsabilizado pelo calvinismo; foi ele quem propôs os cinco princípios básicos que formam o acróstico "tulip", em português "tulipa". Esses cinco princípios surgiram no Sínodo de Dort, na Holanda. E a Holanda os acatou. São eles: **T** é *depravação* ***total***. Significa que não há absolutamente nada que um homem possa fazer a respeito de sua salvação. Ele é inteiramente depravado; está tão corrompido que somente Deus pode fazer algo a respeito. O **U** representa a *eleição **única**, incondicional*, e isso significa que Deus nos escolheu, mas não por algo que pudesse existir em nós. A decisão de nos salvar é inteiramente dele e não temos voz nessa escolha. O terceiro é **L** – *expiação **limitada***. Esse princípio se baseia na ideia de que Cristo não morreu por todos, mas somente pelos pecados dos eleitos, dos escolhidos, pois como alguém pode ser punido duas vezes pelos pecados? E se Jesus foi punido pelos pecados dos eleitos, não pode ter sido punido pelos pecados dos outros. O quarto, e o mais importante, é **I**, *graça **irresistível***. Os cristãos que defendem essa corrente falam livremente sobre a graça de Deus como algo a que *não se pode* resistir. Se a graça tocou sua vida, não há nada que você possa fazer a respeito, exceto submeter-se a ela. Deus é soberano. É provável que esse seja o princípio-chave entre os cinco. O quinto é o **P** e representa a *perseverança dos santos*, ou em linguagem mais simples "uma vez salvo, salvo para sempre", frase que não está na Bíblia, mas todos se referem a ela como se estivesse. Na maioria das vezes, as igrejas que praticam o batismo de bebês costumam acatar essa linha de ensino – que o próprio Deus é totalmente responsável pela salvação das pessoas. Porque isso, para eles, é um exemplo supremo da forma como Deus escolhe alguém antes que essa pessoa sequer tenha pensado nele.

Essa é a corrente número um e é bastante comum. Na Inglaterra você encontrará muitos cristãos que a defendem. A Igreja Anglicana, oficialmente, é moderadamente calvinista em seus 39 artigos. Não é a minha posição. Não posso ensinar sobre um Deus que faz tudo isso sem qualquer consideração a mim.

A segunda posição é o extremo oposto: a salvação deve-se inteiramente à vontade do homem, e o que *nós fazemos* é o elemento crucial.

Recapitulando: estamos tentando responder às perguntas "Por que nem todos são salvos?" e "Por que nem todos seguem esses quatro passos?". A primeira resposta foi: Deus não escolheu todos, e essa é a razão pela qual muitos não são salvos. A segunda corrente diria: a única explicação para que nem todas as pessoas sejam salvas está nelas próprias. Elas não tomaram essa decisão, e, desse modo, toda a ênfase é colocada na responsabilidade humana. O homem que popularizou essa ideia foi um monge britânico chamado Pelágio, que vivia em pé de guerra com Agostinho.

Pelágio mudou-se para Roma e ficou estarrecido com o que encontrou. Roma era a sede da Igreja, o centro do cristianismo na época, e Pelágio, horrorizado por encontrar tanta corrupção entre os monges e os líderes cristãos, afirmou que a condição em que estavam era culpa deles próprios. Deus não poderia ser responsabilizado. Os homens são indisciplinados, não têm controle de si mesmos; e então Pelágio desenvolveu um sistema que eu chamaria de salvação do tipo "faça-você-mesmo" e que coloca sobre os próprios seres humanos toda a responsabilidade por não serem salvos. Bastante conveniente para muitos: a salvação tipo faça-você-mesmo. Ela mantém intacto o seu orgulho – somos responsáveis por nós mesmos, e é você quem decide ir à igreja. Se quiser ser salvo, é por seu próprio desejo. Era uma reação a Agostinho e à ênfase na soberana vontade de Deus como fator decisivo para a salvação.

Portanto, quando perguntamos por que nem todos são salvos, a primeira resposta afirmava que isso dependia de Deus, que ele escolhia alguns para serem salvos e outros não. Considero essa uma imagem terrível de Deus, como se ele tirasse os nomes de um chapéu, numa atitude arbitrária e extremamente especulativa. Houve, então, essa reação de Pelágio contra Agostinho, e, mesmo naquela época, principalmente na França, havia pessoas que assumiram uma posição intermediária. Agostinho havia nascido no norte da África, Pelágio mudou-se da Inglaterra para Roma, mas os franceses estavam no meio do caminho. Agostinho, maldosamente, passou a chamá-los de "semi-pelagianos" e, quando usou contra eles o nome de Pelágio, colocou todos no mesmo saco. Lamentável, na minha opinião.

A terceira corrente, na qual me coloco, afirma que *ambos* – tanto Deus quanto o homem – são responsáveis pela salvação. O Divino toma a iniciativa, mas o humano decide corresponder. Ele não é "totalmente depravado". Podemos aceitar o evangelho e podemos rejeitá-lo. Podemos resistir à graça de Deus. Ela não é irresistível. Eu creio que os dois são responsáveis simplesmente porque ambos são mencionados no Novo Testamento. Somos instruídos a nos arrepender; Deus ordena que *nos* arrependamos. Outro versículo, no entanto, dirá que ele *nos concede* o arrependimento. Há uma mistura de textos, alguns afirmando que Deus nos concede essas coisas e outros afirmando que nós as produzimos, e a resposta, eu creio, reside no fato de que ambas as afirmações são verdadeiras, e o principal responsável por injetar esse pensamento na corrente da vida da Igreja foi um holandês chamado Jakob Hermanszoon. Na universidade, Jakob adotou um nome latino, como era o costume na época. Todos adotavam uma nova identidade na universidade e ele decidiu que seu nome seria "Armínio". Talvez você tenha ouvido sobre esse homem e sobre o que ele acreditava. Ele defendia essa cooperação entre Deus e o homem – há coisas que devemos fazer para tornar a salvação possível, mas há coisas que Deus já fez e que está fazendo para torná-la possível. É uma questão de cooperação. Essa é basicamente a minha posição, embora, infelizmente, seja partilhada por uma minoria.

Vou tentar ilustrá-la para você. Imagine um homem que está se afogando no mar e três homens o veem à deriva. O primeiro diz: "Não há nada que ele possa fazer – já se afogou, na verdade, está morto na água". Para que ele seja salvo, alguém precisa mergulhar e puxá-lo para fora e prestar os primeiros socorros. Essa é a visão calvinista; é a visão de que Deus é responsável por nossa salvação. Ele enviou seu Filho para mergulhar, nos tirar da água e nos salvar, e não há nada que possamos fazer a respeito. Estávamos mortos em nossas transgressões e pecados; afogados; perdidos. Era preciso que Deus enviasse alguém para nos tirar da água e nos dar o beijo da vida, para nos resgatar e, assim, nos salvar.

Na extremidade oposta, está um homem como Pelágio, que diz: "O homem ainda está vivo, mas morrerá afogado;

está à deriva no mar e o que precisa fazer é nadar em direção à margem". E assim, ele grita para aquele que se afoga: "Força! Nade com mais vigor, tente chegar à margem, venha para cá, você consegue! Pode salvar a si mesmo, basta apenas que decida fazê-lo". Isso também não corresponde à verdade.

Quero que você considere uma terceira possibilidade. O homem está se afogando, à deriva no mar, mas a terceira pessoa que está na margem lança uma corda em sua direção e diz: "Segure firme essa corda e eu vou puxá-lo para a margem e salvá-lo". Houve, portanto, uma cooperação da parte do homem na água. Ele tinha de fazer algo; precisava agarrar a corda e segurá-la firme até chegar à margem em segurança. Ninguém, porém, poderia afirmar que ele salvou a si mesmo. Ele foi salvo pelo homem que lançou a corda. Chame a corda de "o evangelho" e você terá a terceira imagem. Creio que, da mesma forma, o evangelho está sendo lançado a todos os que estão se afogando, e eles estão sendo instruídos a agarrá-lo para que possam ser trazidos para a margem. Não é o homem que se afoga que puxa a corda. Não é ele que realiza o salvamento, e aquele que foi trazido para a margem após agarrar-se à corda jamais dirá que salvou a si mesmo. Ele sempre dirá sobre o homem que lançou a corda: "Ele me salvou. Tudo o que fiz foi agarrar a corda e segurar firme". Essa é minha imagem da salvação. A corda nos foi lançada; o evangelho nos concedeu a oportunidade de sermos salvos, e nós nos agarramos a ele e seguramos firme até que alcançássemos a margem, em segurança.

Talvez essa imagem tenha ilustrado as três correntes de uma forma bem simples. Elas, no entanto, são as três principais perspectivas de salvação pregadas na Igreja hoje.

A primeira visão é a mais forte e, no entanto, está sendo pregada pelos filhos da Reforma Protestante porque Lutero e Calvino a defendiam. Os anabatistas – a ala esquerda da Reforma, como eram chamados – tinham a terceira visão, não a primeira; defendiam a visão cooperativa: é a colaboração entre Deus e o homem que leva à salvação.

O nome mais conhecido entre os defensores dessa visão de cooperação entre Deus e o homem é John Wesley (irmão de Charles Wesley), que criou uma revista para os primeiros metodistas chamada *O Arminiano*. Wesley e seu irmão eram ambos arminianos na teologia e, portanto, acreditavam que o evangelho era oferecido a todos, e aqueles que se agarrassem ao evangelho e nele se firmassem seriam levados em segurança à margem – ou, em outras palavras, ao céu. Isso explica por que Wesley foi um dos poucos evangelistas a perceber a grande importância do acompanhamento de uma pessoa que se convertia em sua cruzada. Wesley desenvolveu um sistema chamado "reunião de classe", frequentada por todo convertido que ele trazia ao Senhor, com o intuito de garantir que seguisse adiante. George Whitefield foi um evangelista contemporâneo a John Wesley, porém seguia a primeira visão – a visão calvinista. Foi um grande evangelista, particularmente nos Estados Unidos, habilidoso em levar as pessoas a começarem a vida cristã, porém ele disse a Wesley: "Seu trabalho será mais duradouro do que o meu porque você acompanhou essas pessoas e continuou trabalhando na sua edificação".

Como mencionei anteriormente, Charles Wesley compôs um hino que diz o seguinte:

> Tenho uma obrigação para guardar
> Um Deus para glorificar
> Uma alma imortal para salvar,
> Para, um dia, ao céu chegar
> [tradução livre]

"Tornar pessoas aptas para o céu" é o que ocupava a maior parte do tempo dos dois irmãos Wesley. Embora, provavelmente, isso tenha salvado a Inglaterra da Revolução Francesa – os historiadores parecem concordar –, foi pelo fato de não se contentar em apenas "conseguir que as pessoas se decidissem", que Wesley reunia-se com os convertidos a fim de garantir que amadurecessem e permanecessem com o Senhor.

A palavra "guardar" é interessante. Quem guarda? Na primeira visão (que tudo depende de Deus) é frequente o ensino de "uma vez salvo, salvo para sempre". Eles dizem que é Deus quem guarda as pessoas; é Deus quem as faz perseverar. Pelágio diria: "Não, não é; o homem é quem persevera". Armínio e Wesley, contudo, diriam que se trata de uma cooperação entre o homem e Deus, e, por essa razão, a palavra "guardar" aparece de duas maneiras no Novo Testamento. Veja a carta de Judas. Embora extremamente ignorada, é uma carta maravilhosa e tem duas afirmações em sua conclusão. A primeira delas é: "*Guardai-vos* no amor de Deus" [ARA]. A segunda é: "Porque [*ele*] é poderoso para vos guardar de tropeços" [ARA]. Guardai-vos no amor de Deus, e ele é poderoso para vos guardar. São os dois lados. Deus guarda, mas precisamos nos guardar – as duas ações são necessárias.

Próximo ao fim de seu ministério e de sua vida, Paulo também fez duas afirmações: "Ele é poderoso para guardar o meu depósito" e "Guardei a fé". Essa ênfase dupla é encontrada em todo o Novo Testamento. Deus pode me guardar, e devo guardar-me em seu amor. As duas coisas juntas resultarão em perseverança. A ideia de que um *Deus capaz de guardar é tudo de que precisamos para perseverar* é tão equivocada quanto a ideia de que *tudo de que precisamos para que sejamos guardados é nossa determinação em guardar*. O mais importante é essa ênfase na obra de Deus e igualmente na obra do homem para a salvação.

Ouça atentamente a pregação em sua igreja e descobrirá

qual desses três pontos de vista está sendo ensinado. Para ser fiel à Bíblia como um todo, você deve ensinar que Deus pode guardá-lo e que você precisa guardar-se. As duas coisas caminham juntas. Considero um insulto aos seres humanos a afirmação de que tudo depende de Deus. Somos feitos à imagem de Deus. Fomos criados com a capacidade de resistir a ele, de dizer "não". Entre os cinco princípios calvinistas, o que considero mais repreensível é a irresistibilidade da graça. Creio que sem a graça não podemos ser salvos, mas creio também que é possível rejeitar a graça divina, resistir a ela e, pelo resto da vida, continuar resistindo.

Estamos tratando aqui de uma questão teológica importante, que é debatida há séculos e continuará sendo. Há um verdadeiro reavivamento do calvinismo hoje, especialmente nos Estados Unidos, e um recuo da ênfase excessiva na ação humana para uma ênfase excessiva no divino. Porém, se pregarmos *toda a Bíblia*, encontraremos um equilíbrio entre os dois aspectos.

Pense agora em nossos quatro passos: A-C-S-R – **A**rrepender-se, **C**rer, **S**er batizado, e **R**eceber o Espírito Santo. Pense neles como um diagrama – a metade superior como a obra de Deus em quatro passos e a metade inferior como a obra do homem nos mesmos quatro passos. O interessante é que, entre todos os textos sobre esses quatro passos, apenas alguns afirmam que Deus *concede* o arrependimento. Há muitos textos que afirmam que ele *ordena* o arrependimento. O que está certo, então? Ele concede ou ordena o arrependimento? Bem, a resposta é: em termos da quantidade de textos referentes ao Arrependimento, a ênfase está em *nós*. Quando chegamos ao segundo passo – Crer – há textos que afirmam que Deus concede a fé, porém, da mesma forma, há uma maioria que afirma que ele *ordena* a fé, e aprendemos que devemos colocá-la em prática. Quando chegamos ao Batismo, há mais sobre o que Deus faz no batismo e menos sobre o que nós estamos fazendo. Finalmente, no que se refere ao Recebimento do Espírito Santo, Deus faz a maior parte e, no entanto, há um mandamento para que o recebamos – mas corresponde à minoria dos textos. Desse modo, no tocante aos quatro passos para a salvação, há uma ênfase crescente na ação de Deus e uma ênfase decrescente na ação do homem. Faz sentido para você? Refiro-me exclusivamente ao número de textos (versículos) que falam sobre cada um dos quatro passos. À medida que seguimos pelos quatro passos, portanto, há uma diminuição gradual da ênfase na ação do homem e mais e mais ênfase na ação de Deus.

O que me leva à segunda questão teológica importante, que chamo de a *inevitabilidade* dos quatro passos. Em outras palavras, tendo você iniciado o caminho da salvação, é inevitável que o concluirá? Algo pode dar errado? Ou ainda: Em que ponto estamos salvos do inferno? Uma pergunta que sempre ouço é: Em que ponto dos quatro passos acontece algo que não pode ser desfeito? Temos a garantia de um lugar no céu? Ou: Podemos perder nossa salvação? Uma questão extremamente importante.

Para os que creem que tudo vem de Deus, isso não é um problema. Se Deus nos escolheu, ele cuidará para que cheguemos ao céu; e uma vez que você tenha começado a ser salvo, inevitavelmente continuará salvo até o fim. Lembre-se que John Bunyan não partilhava dessa visão, e, em sua obra *O Peregrino*, ele leva o Peregrino e seu amigo às margens do rio Jordão, de onde eles podem avistar a cidade celestial que buscavam, e o amigo do Peregrino, com dificuldade para cruzar o rio Jordão, decide: "Vou encontrar outro caminho" e desce por uma estrada lateral, ao longo da margem do rio. Bunyan escreve: "Então vi que havia um caminho para o inferno mesmo às portas do céu". Poucos observam isso no livro. É profunda a ideia de que é possível chegar às portas do céu e ainda encontrar uma forma de abandonar o caminho que leva até lá.

Sendo assim, por que eu creio que você pode perder a sua salvação – perder o que ganhou? Preste atenção, se você entendeu o que expliquei até agora, está apenas no começo. Você pode perder o que ganhou? Minha resposta, claramente, é: "Sim, pode!". Gostaria que mais cristãos ouvissem isso e fossem alertados de que é possível desviar-se do caminho certo. Você pode afastar-se da estrada que leva ao céu. E por que creio nisso? Bem, primeiramente, porque há 80 passagens no Novo Testamento – escritas por todos os autores do Novo Testamento, em lugares diferentes – que nos admoestam a não perder o que temos e nos alertam sobre as outras possibilidades. Vamos examinar algumas delas.

Em primeiro lugar, dos lábios do próprio Jesus: a parábola do semeador, em Marcos 4, em que ele afirma que algumas sementes caíram à beira do caminho e nunca germinaram – jamais começaram. Outras sementes, contudo, caíram em terreno pedregoso, brotaram e começaram a crescer. Trata-se de uma afirmação clara de que o evangelho foi recebido, mas não houve crescimento porque a terra não era profunda. Outras sementes não conseguiram crescer por razões diferentes: foram sufocadas pelos espinhos, pelos cuidados deste mundo, disse Jesus, e por preocupações que as pessoas não deveriam ter. Isso pode destruir a nova vida do reino. Apenas a semente que caiu em boa terra, que germina e cresce e se reproduz a trinta, sessenta e até cem por um, garante uma boa colheita. Foi Jesus quem disse. Portanto, não é sempre que a semente que semeamos, a palavra do reino, crescerá, pois isso depende do tipo de solo que encontrar nos corações.

Vejamos algo mais direto: o capítulo 15 do Evangelho de João, em que Jesus afirma "permaneça em mim", fique em mim, habite em mim. Ele disse que os ramos não têm vida em si mesmos; eles somente têm vida enquanto permanecerem na videira. Nosso encontro com Cristo, portanto, não traz a vida eterna inclusa no pacote – ou melhor, eu tenho a vida eterna, mas tenho vida enquanto permanecer em Cristo. Ele é a Fonte de vida eterna, e, enquanto eu habitar nele, a vida flui em mim. Ele disse: "Se você não permanecer em mim, será cortado, se tornará infrutífero e será queimado no fogo". A afirmação fica ainda mais contundente quando lembro que é Jesus quem está abordando a questão. Cortado, queimado no fogo? É algo que acontece a um ramo da videira.

Vamos para Romanos 11, o capítulo-chave de toda a carta, em que Paulo fala sobre os judeus que deixaram de crer. Eles tiveram fé em Deus quando saíram do Egito, mas quando foram obrigados a enfrentar o deserto, deixaram de crer nele. Poderiam ter chegado à Terra Prometida em menos de duas semanas, mas ficaram vagando pelo deserto durante 40 anos porque não creram que Deus poderia fazê-los entrar na Terra Prometida. Portanto, diz o Novo Testamento, aprenda com eles. Todos deixaram o Egito, mas somente dois entraram na Terra Prometida – uma consequência da falta de fé. Eles creram para sair, porém não creram para entrar. Paulo afirma que essa é uma lição para os crentes hoje – nem todos os que iniciam a jornada chegam até o fim. Talvez somente uma minoria consiga chegar ao final. É uma estrada árdua e estreita e poucos permanecem nela. Há uma estrada larga, pela qual o mundo deseja que você viaje, e ela é fácil de encontrar. Temos, então, uma conversa bem direta. Paulo afirma: "Assim como os judeus foram cortados quando deixaram de crer, você também será cortado se não permanecer na bondade de Deus". É uma passagem clara, porém nunca a ouvi em leituras ou pregações na igreja, embora ela se encontre na carta teoricamente popular de Paulo aos Romanos.

Vamos continuar. Em 1Coríntios 15, Paulo fala do

evangelho que pregou: que Cristo morreu pelos nossos pecados, que foi sepultado e ressurgiu ao terceiro dia, segundo as Escrituras. Ele diz: o evangelho que ensinei a vocês; o evangelho que vocês receberam; é nisso que vocês creram e que os salvará e levará ao céu *se* continuarem crendo. Se vocês se apegarem firmemente à verdade que eu lhes dei, chegarão lá. A pequena palavra "se" presente no texto tem muita importância: se você se apegar firmemente à verdade. Não é uma questão de entender a verdade apenas, mas de permanecer nela, agarrando-a com firmeza, e então você chegará.

Gálatas 4 fala sobre cair da graça. Não há dúvida de que a graça nos salva; mas ela não é irresistível. Você pode cair da graça, e ela não fará mais parte da sua vida. Em Hebreus 6, o autor afirma: se você se afastar de Cristo não é possível arrepender-se; você não poderá ser levado novamente ao arrependimento – uma palavra muito dura. O capítulo 10 de Hebreus é ainda mais contundente. Se continuarmos a pecar deliberadamente depois de termos recebido o conhecimento da verdade, não resta sacrifício pelos pecados, mas apenas uma terrível expectativa temerosa do juízo que consumirá os inimigos de Deus. O texto fala sobre aqueles que pisaram aos pés o Filho de Deus. Leia a passagem você mesmo. As passagens de Hebreus 6 e Hebreus 10 são claras.

Estou apenas selecionando alguns poucos versículos entre os 80 que poderia citar. O texto de 2Pedro 2 é um dos mais fortes. "Se, tendo escapado das contaminações do mundo por meio do conhecimento de nosso Senhor e Salvador Jesus Cristo, encontram-se novamente nelas enredados e por elas dominados, estão em pior estado do que no princípio. Teria sido melhor que não tivessem conhecido o caminho da justiça, do que, depois de o terem conhecido, voltarem as costas para o santo mandamento que lhes foi transmitido. Confirma-se neles que é verdadeiro o provérbio: 'O cão voltou ao seu vômito' e ainda: 'A porca lavada voltou a revolver-se na lama'". Que linguagem incisiva! Novamente, espero que você tenha ouvido alguma pregação sobre esse texto, pois ele é parte da Palavra de Deus: se você escapou da contaminação do mundo através do conhecimento do Salvador e encontra-se outra vez enredado por ela, é como um cão que retorna ao seu vômito ou um porco que volta a revolver-se na lama. São possibilidades reais.

A primeira carta de João ensina: "Se um irmão pecar, ore por ele"; mas, em seguida, João acrescenta: "Há pecado que leva à morte. Não ore por este irmão".

Portanto, há pecados pelos quais você pode orar e há pecados pelos quais você não pode orar. Finalmente, no livro de Apocalipse, a carta à igreja de Sardes fala sobre o nome que é "riscado" do Livro da Vida. Dizemos "apagado" porque escrevemos com tinta. Eles escreviam em papiro ou pergaminho, riscando-o com um instrumento pontudo e, em seguida, preenchendo a ranhura com tinta. Para apagar o que estava escrito, era necessário raspar aquela parte do pergaminho com um objeto pontiagudo. Literalmente, o texto diz que seu nome não será *raspado* do Livro da Vida. No Antigo e no Novo Testamento, há quatro menções ao Livro da Vida, e três delas falam da possibilidade de ter o nome apagado ou riscado. Três quartos dos textos que mencionam o Livro da Vida alertam que nosso nome pode ser removido dele. Quando os livros forem abertos, no Dia do Juízo final, queremos que nossos nomes constem daquele Livro. Queremos que ainda esteja ali. Jesus, porém, nos adverte da possibilidade de esse nome ser removido.

Vários textos do Novo Testamento têm sido citados como promessas de que você chegará ao final, mas a palavra "convencido" é importante aqui. Veja um exemplo: "Aquele que começou boa obra em vocês, vai completá-la até o dia de Cristo Jesus". Já ouviu esse texto? No entanto, eu não citei todo o texto. Paulo afirma na primeira parte: "Estou convencido de que aquele que começou boa obra em vocês, vai completá-la até o dia de Cristo Jesus". Ele diz: "Estou convencido". Veja também Hebreus 6. Após descrever que as pessoas que deixam Cristo não podem se arrepender e encontrar o caminho de volta, o autor afirma: "Estamos persuadidos de que isso não acontecerá a vocês". Ele não diz: "Estou absolutamente certo", mas sim: "No *seu* caso, estou convencido de que isso não acontecerá – porque de fato, aconteceu a muitos". Alguns naufragaram na fé, outros retrocederam, portanto, quando Paulo afirma: "Estou convencido" (de que, no seu caso, isso não acontecerá, que ele completará o que começou) e também quando o autor de Hebreus diz: "Estou persuadido" (no seu caso, de que vocês não se afastarão de Cristo, nem o negarão publicamente), eles estão expressando confiança semelhante a de um professor em uma reunião de pais e mestres quando afirma: "Estou convencido de que seu filho será aprovado no exame". Ele não está dizendo "tenho certeza", e sim "conhecendo seu filho, estou convencido de que ele vai conseguir".

Portanto, esses textos (e muitos outros que expressam a confiança de que alguém terá êxito) baseiam-se no conhecimento da pessoa, não no conhecimento de Deus. Estou convencido de que, no seu caso, você vai conseguir; você está indo bem. Está indo tão bem, que estou convencido de que chegará lá. Portanto, não transforme esses textos em promessas que se aplicam a todo cristão. Não é assim.

O último ponto que quero frisar é este: três dos quatro passos não são dados uma única vez. Precisamos continuar nos arrependendo, e 1João afirma que "se continuarmos a confessar os nossos pecados, ele é justo para nos perdoar e continuará a perdoar nossos pecados, e o sangue de Cristo continuará a nos purificar de toda a injustiça". Não cremos apenas uma vez, precisamos *continuar* crendo. O que salva é uma vida de fé. Paulo diz: "A vida que *agora* vivo, vivo-a pela fé no Filho de Deus, e já não sou eu quem está vivendo, mas Cristo está vivendo em mim". O batismo na água, por sua vez, jamais se repete; isso não é necessário. Sei que muitos adorariam continuar a ser batizados. Sentem-se tão limpos, que quando tornam a ficar sujos querem limpar-se novamente e desejam continuar a ser banhados e sepultados – mas não, isso é algo que se faz uma única vez. O batismo com o Espírito, da mesma forma, jamais se repete, mas *ficar cheio [e encher-se] com o Espírito*, pode se repetir. Todas essas coisas, portanto, têm um efeito contínuo na vida cristã, e se permanecermos fiéis a esses quatro passos chegaremos ao céu. Espero encontrá-lo lá.

PERGUNTAS E RESPOSTAS

Vamos tratar desta pergunta conhecida: Em que ponto do processo de salvação uma pessoa se torna cristã (discípula de Cristo)? É no batismo com água ou no batismo do Espírito, ou antes, quando a pessoa se arrepende e crê? E também: Em que ponto começa a salvação? Em que ponto uma pessoa é adotada por Deus e torna-se seu filho ou sua filha? Em que ponto a pessoa une-se ao sacerdócio real? Em que ponto alguém deixa de ser *Homo sapiens* e torna-se *Homo novus*?

Preocupa-me que as pessoas queiram um ponto, um momento. Quando eu estava escrevendo o livro *The Normal Christian Birth*, procurei uma parteira e lhe perguntei: "Diga-me em que momento o bebê nasce. É quando ele sai do corpo da mãe? Quando você corta o cordão umbilical? Quando ele respira pela primeira vez? Quando chora pela primeira vez – geralmente com a ajuda de um tapinha?".

Ela respondeu: "Ninguém sabe". Não podemos afirmar exatamente quando um bebê nasce, é um processo. Foi o que me inspirou a escrever um livro sobre o nascimento espiritual. Perceba que o importante não é saber em que momento isso ou aquilo acontece, mas concluir o processo de uma forma apropriada. O trabalho da parteira era garantir que o bebê nascesse bem, e tudo o que ela mencionou fazia parte do nascimento. Você *pode* perguntar: Quando *começa* a salvação? Começa com o arrependimento. Esse é o primeiro passo, mas não é o único. É nesse momento que começa. Em que ponto você pode afirmar que alguém é "cristão"? Não gosto muito da palavra "cristão". Os crentes eram assim chamados porque falavam de Cristo. Os apóstolos, no entanto, não usavam esse nome. O Novo Testamento não diz nada sobre como tornar-se *cristão*. Mas há outra pergunta recorrente: Em que ponto do processo da salvação alguém se torna um discípulo? Gosto dessa palavra, é um termo bíblico, e você é um discípulo assim que começa a trilhar o caminho certo. Assim que dá o primeiro passo, você é um discípulo, um aprendiz. A ordem de Cristo não foi "vão e consigam decisões", mas sim "vão e façam discípulos" – aprendizes que continuarão aprendendo. Acredito, portanto, que por trás da pergunta "em que ponto" há um desejo de sentir-se seguro, e falando francamente, você não está seguro até chegar ao céu. Um dia vou gritar bem alto: "Uma vez salvo, salvo para sempre! Finalmente é verdade". Hoje não posso fazer essa afirmação. Mas você pode ter certeza da salvação *neste* sentido: enquanto eu estiver seguindo pela estrada da salvação, sei que estou a caminho do céu – contanto que eu permaneça nela. É o mais importante. Você pode estar certo de que está no caminho para o céu. Essa certeza vem do Espírito Santo, e você a terá assim que recebê-lo. Acho que minha esposa não se importará se eu contar – mas até a semana em que nós dois fomos cheios com o Espírito, ela tinha dúvidas, incertezas a respeito de sua fé, porém, a partir daquele momento, não soube mais de nenhuma dúvida sua.

Ela tem certeza desde então.

Uma certeza não é uma dedução fundamentada em alguma promessa bíblica. A certeza é um dom do Espírito, e enquanto você estiver andando no Espírito terá certeza de que irá para o céu. Se você se afastar dele e desviar-se do caminho da salvação, a primeira coisa que perderá é a certeza, e isso lhe mostrará que você abandonou a estrada. Enquanto estou andando no Espírito, o próprio Espírito testemunha ao meu espírito que sou filho de Deus, e uma das palavras que esqueci de mencionar é "Abba". O Espírito lhe concede essa palavra quando você fala com seu Pai no céu. Lembro-me de um pescador, alto e forte, chamado Dordy Pottinger, um camarada grandão que, com sua blusa de gola olímpica e seu boné de pescador, saía do barco de pesca, do qual era capitão, diretamente para a reunião de oração na igreja. Certa noite, ele foi cheio com o Espírito. Jamais esquecerei esse grande e forte pescador falando como uma criancinha, apenas repetindo "Abba, Abba, Abba". O Espírito Santo havia lhe ensinado uma palavra nova.

Pergunta
Fui batizado na água há oito meses e não creio que tenha sido batizado com o Espírito Santo. Será que fui batizado no Espírito?

Resposta
É provável que não tenha sido mesmo, pois ser batizado com o Espírito é uma experiência tão definitiva que não deixa dúvidas. Certo acadêmico, chamado William Barclay, afirmou: "No Novo Testamento, receber o Espírito Santo era algo tão inequívoco quanto contrair uma gripe muito forte, e você sabe quando tem uma gripe forte". Repito o que já disse: o Espírito pode estar *com* você, mas ele deseja estar *em* você, e são coisas diferentes. Você não pode arrepender-se

sem o toque do Espírito. Você não pode crer sem o auxílio do Espírito, mas isso não é o mesmo que recebê-lo.

Pergunta
Jesus dá aos cristãos (discípulos) um mandato específico antes da sua volta? Devo fazer algo além de trabalhar, cuidar da minha família e fazer parte de uma comunidade de crentes? Sinto que mais precisa ser feito.

Resposta
Sim, você deve ser uma testemunha e essa é a razão pela qual o Espírito Santo vem no batismo – não o batismo com água, mas o batismo do Espírito o ajuda a ser uma testemunha para Jesus. Não somos todos chamados para ser evangelistas, mas somos chamados para ser testemunhas, e o Espírito Santo auxiliará nisso, mais do que em qualquer outra coisa.

Muitas perguntas me são feitas sobre arrependimento e perdão. O perdão verdadeiro inclui reconciliação com Deus. Se você não se arrepender de seus pecados, a reconciliação não será possível. A reconciliação é o fruto do perdão. Sou responsável por não sentir amargura ou ressentimento para com alguém que me causou mal. Isso é uma coisa. Mas não é perdão verdadeiro se não levar à reconciliação. Você se lembra do ataque ao Papa João Paulo II no Vaticano? O agressor foi pego, preso, e João Paulo II foi visitá-lo na prisão a fim de reconciliar-se com ele e perdoá-lo. Estou bastante convencido de que, até aquele momento, o Papa não tinha ressentimento ou amargura por ter sido atacado, mas não poderia perdoar o homem até que ouvisse dele próprio o seu arrependimento, o que ele fez na prisão. Assim, o relacionamento foi restaurado e o propósito do perdão é a restauração do relacionamento. Eles estão muito interligados para que sejam separados.

Pergunta
Devemos amar nossos inimigos. Isso é diferente de perdoá-los?

Resposta
Em primeiro lugar, isso significa que você está preparado para orar por eles e abençoá-los, mesmo que eles o amaldiçoem. O amor pode ser expresso a outros. O amor de Deus não tem efeito até que nos arrependamos. Somente então ele começa a agir e nos reconcilia, e nos restaura, e nos adota.

Pergunta
O arrependimento é a mais grave omissão do evangelismo hoje?

Resposta
Eu creio que sim. Não se prega o arrependimento. Prega-se "Jesus te ama, aceite-o".

Pergunta
João 1.12 faz associação entre crer e receber o direito de tornar-se filho de Deus. Isso é diferente de tornar-se, de fato, filho de Deus?

Resposta
Não. João 1.12 não deveria ser usado em relação à conversão hoje. O texto diz que Jesus veio à sua própria terra e seu próprio povo não o recebeu. Mas àqueles que o receberam, ele deu autoridade [não poder – autoridade] de se tornarem filhos de Deus nascidos não da carne, mas do Espírito. Quando Jesus esteve aqui na terra, as pessoas podiam recebê-lo; podiam acolhê-lo. Podiam dizer: "Venha almoçar na minha casa", como fez Zaqueu. Podiam literalmente, fisicamente recebê-lo. Mas assim que Jesus subiu aos céus

e os céus o receberam longe dos olhos de todos, eles nunca mais falaram em *receber* Jesus e jamais usaram essa frase no evangelismo. Hoje ela é usada em todos os lugares e isso tem confundido aqueles que pensam que crer em Jesus e receber o Espírito Santo são a mesma coisa, porque não são. Você pode ter uma sem a outra. "Receber" – a palavra – foi transferida com exclusividade ao Espírito Santo, e a pergunta crucial agora é: Você recebeu o Espírito Santo quando creu? Foi o que Paulo indagou. Receber Jesus é algo que você não pode fazer agora porque ele não está aqui; ele está no céu, à direita do Pai. Você pode e deve, contudo, receber aquele que ocupou seu lugar na terra, e este é o Espírito Santo, que hoje está aqui para ser recebido por nós.

Pergunta
Deus, o Criador, nos dá o livre-arbítrio de forma real e genuína?

Não acho que eu *tenha* livre-arbítrio. Minhas atitudes resultam em muitas barreiras e problemas na minha vida. Como ser liberto do livre-arbítrio?

Resposta
Não, o que entendemos por livre-arbítrio é a liberdade de dizer "não", a liberdade de resistir, a liberdade de rejeitar. Não é um livre-arbítrio absoluto, mas é o livre-arbítrio que nos foi concedido – a liberdade de dizer não ou sim a Deus; a liberdade de rejeitar o evangelho e a liberdade de aceitá-lo. Em ambos os casos, no entanto, o livre-arbítrio é nosso.

Pergunta
Se alguém está falando em línguas na adoração coletiva e ninguém pode compreendê-lo, o que devemos fazer?

Resposta
Impeça-o! Não acredito em línguas que são concedidas para serem usadas publicamente. Paulo diz: "Dou graças a Deus por falar em línguas mais do que todos vocês". Mas ele disse também: "Não o faço em público. Se há possibilidade de que alguém presente não entenda, eu não o faço". Se você quer entender como Paulo pôde enfrentar açoites e naufrágios, todo tipo de coisa, a resposta é que ele falava em línguas mais do que qualquer pessoa. Você nunca ouviu isso, não é? Mas ele disse: Não o faço em público. Ele diz isso porque jamais foi ouvido falando em línguas, e se houver alguém presente que não seja capaz de entendê-lo, diz ele, não faça. Trata-se de um dom muito particular. Um dom para benefício próprio – para sua edificação. Você não pode usá-lo para ajudar outra pessoa a menos que seja interpretado; portanto, se não houver alguém com o dom da interpretação, não fale em línguas. Caso você conheça alguém que possa traduzir, use esse dom, pois então todos serão edificados. Todos os outros dons são concedidos para serem usados em benefício de outras pessoas. Esse é o único dom que o Espírito concede para nosso próprio benefício. Talvez isso explique por que ele sempre é citado primeiro. Aprenda a ajudar primeiramente a si mesmo.

Pergunta
Um homem perguntou sobre uma situação em que alguém estava falando em línguas sem interpretação. A pessoa continuou falando em línguas, porém nunca perguntaram se havia alguém para interpretá-lo. O que fazer nessas situações?

Resposta
Se os líderes estivessem cientes de suas funções, deveriam proibi-lo. Não é exatamente a situação que você tem em

mente, mas eu estava pregando em uma comunidade, no oeste da Inglaterra, quando uma senhora se levantou e não falou em línguas, mas proferiu uma palavra profética, uma palavra do Senhor – ou, pelo menos, foi o que ela disse. Meu espírito identificou imediatamente: a palavra não vinha de Deus. Não estava sintonizada com o rumo que o Senhor nos apontava; não tinha o selo do Espírito. Olhei para os outros líderes sentados na minha frente e pensei: "Eles vão confrontar isso?".

Eles não o fizeram e, em seguida, o líder de louvor convidou a congregação para cantar um hino. Após o cântico, levantei-me e disse:

— Vejam, a senhora nos deu uma palavra que acreditava ser de Deus. Não prestamos atenção. Apenas cantamos.

E continuei:

— Isso é um insulto a Deus. Se o Senhor se deu ao trabalho de falar a nós, deveríamos estar indagando: "O que faremos a respeito?". De qualquer maneira, contudo, não creio que tenha vindo da parte do Senhor. Acho que foi uma palavra do seu próprio pensamento. E precisamos retomar o rumo.

No final do culto, vi essa senhora caminhando decidida na minha direção. Pensei que iria apanhar, mas ela se aproximou e agradeceu:

— Obrigada, sr. Pawson, pelo que disse.

— Mas eu a repreendi – respondi.

— Eu sei – disse ela — Foi a primeira vez que ousei participar do culto.

Senti por tê-la desencorajado logo de início. Mas ela continuou:

— A razão de eu nunca ter participado é por temer que não fosse da parte de Deus, mas agora você me deu a segurança de saber que alguém me corrigirá se eu tentar. Por isso vou tentar novamente.

— Querida irmã – respondi – que bela atitude a sua.

Os líderes devem aprender como repreender, caso contrário permitirão qualquer coisa. Já estive em reuniões em que uma sequência de visões de bicicletas sem correntes e outras estranhezas foram compartilhadas. Levantei-me, fui ao microfone e consegui dizer:

— Por favor, vão para casa.

Sete visões foram compartilhadas, nenhuma delas com interpretação, apenas uma série de imagens curiosas. Muito do que se apresenta como profecia, na verdade, não é profecia. São pensamentos positivos, e é necessário que alguém com discernimento os confronte. Toda profecia deve ser pesada e julgada, e se há uso de línguas sem interpretação, é necessário haver repreensão. Não traz edificação. Se as pessoas não entendem o que foi dito, como podem dizer "Amém"? Como podem responder? Por isso, disse Paulo – com razão – se as línguas forem usadas em um culto na igreja, que sejam interpretadas, caso contrário, não deveriam ter sido compartilhadas com a igreja.

www.ingramcontent.com/pod-product-compliance
Lightning Source LLC
Chambersburg PA
CBHW071521080526
44588CB00011B/1521